Estratégias para Aplicações Modernas

Conectando Objetivos de Negócios às Decisões de Arquitetura

Jaime Nagase

Conteúdo

Sobre este Livro

"Estratégia para Aplicações Modernas: Conectando Negócios à Decisões de Arquitetura." Vamos imaginar que estamos em um café e que estou revelando todos os segredos do que eu vi funcionar por ai...

Eu já rodei bastante no mundo de TI, entrando em suporte de microinformática, projetos de implementação de tecnologia, chegando em até as transformações digitais e de DevOps & Cloud. Coloquei toda essa experiência suculenta nestas páginas, esperando arrancar de você alguns momentos de "Eureka!".

Então, o que temos no cardápio? Imagine entender como fazer suas aspirações de negócios e suas decisões tecnológicas darem as mãos e se entenderem.

Você encontrará histórias reais e estratégias que fazem suas aplicações não apenas funcionarem, mas atuarem como se estivessem dançando uma música tecnológica de negócios.

O cerne da questão? É entrelaçar suas manobras tecnológicas com suas estratégias de negócios tão de perto que elas podem começar a terminar as frases uma da outra. Quer você esteja procurando agitar as coisas no seu ambiente de trabalho ou aprimorar suas operações na nuvem, estou aqui para ajudar. Espere um conjunto de ferramentas, frameworks e alguns atalhos para tomada de decisão que visam manter as coisas simples e tirar suas ideias brilhantes do papel antes que se tornem notícia velha.

Pronto para transformar enxaquecas tecnológicas em danças vitoriosas de crescimento e inovação? Mergulhe neste livro. Não vou apenas escrever; vou tentar ser seu guia pelas selvas do desenvolvimento de aplicações modernas, transformando "E agora?" em "Veja isso!"

E ei, não faça disso uma conversa unilateral. Siga-me nas redes sociais; podemos manter este diálogo animado, talvez compartilhar uma risada ou discutir a próxima grande onda em tecnologia e negócios. Juntos, faremos a tecnologia e os negócios não apenas funcionarem, mas arrasarem!

LinkedIn: https://www.linkedin.com/in/jnagase/ X: @JaimeNagase

Agradecimentos

O ano de 2024 foi um desafio para mim. Imagine o seguinte: Mariane, minha esposa, recebe um diagnóstico inesperado de câncer de mama, justamente quando ainda estamos ajustando as rotinas de sono da pequena Alice, nossa bebê de três meses, e tentando acompanhar a energia inesgotável da Lara, de cinco anos. Em meio a todo esse caos, escrever este livro foi como encontrar um velho e confiável amigo em uma sala lotada. Foi meu refúgio, meu jeito de lutar com palavras quando a vida ficava pesada demais.

Mariane, obrigado por ser a âncora em nossos mares tempestuosos, por transformar nosso lar em uma fortaleza de esperança e risos, mesmo quando os dias eram sombreados por visitas ao hospital e tratamentos. Você nos mostrou o que é verdadeira força, não com declarações altas, mas com sua determinação silenciosa e espírito radiante. Este parágrafo, assim como este livro, é uma homenagem a você. Um brinde a você, por não apenas lutar suas batalhas, mas por nos inspirar a todos a ser melhores, amar mais e rir mais alto.

Graças a Deus, minha família tem um plano de saúde para cobrir as necessidades de tratamento da minha esposa, mas durante minha fuga escrevendo este livro, continuei pensando em como poderia ajudar. Dedico todos os lucros deste livro ao GRAACC, uma organização sem fins lucrativos que ajuda no tratamento de câncer em crianças carentes.

Logo GRAACC

Um grande agradecimento aos meus chefes, Caio Ribeiro e Ricardo Brognoli - vocês são os verdadeiros MVPs por entenderem que, a família vem em primeiro lugar. E Frankie Negro, seu livro foi como o mapa do tesouro que me fez querer desenhar o meu próprio. Peterson e Greco, meus camaradas, vocês têm sido o alívio cômico neste drama da vida, mas também os sábios magos quando precisei debater ideias. Sem esquecer, claro, da Marina Goes, que foi minha guia durante todo este trabalho!

Não posso esquecer de agradecer enormemente a Gustavo Dalla Nora, que atualmente lidera a Prática de Arquitetura AWS na Compass UOL, por fornecer todas as informações e à Compass UOL pela oportunidade de compartilhar o caso do CryptoBike.

Espero que este livro faça mais do que apenas ficar bonito em uma estante. Que ele provoque algumas risadas, acenda algumas lâmpadas de 'aha!' e, quem sabe, aproxime um pouco mais os magos da tecnologia e as mentes de negócios. Saúde para transformar a conversa tecnológica em nossa língua comum!

Ah, e antes que eu me esqueça, este livro é também para você, querido leitor. Sim, você, que está segurando este livro ou folheando suas páginas na tela. Agora você faz parte desta aventura selvagem, então vamos fazer valer a pena. Um brinde ao aprendizado, e talvez até mesmo a algumas discussões sobre café ou código...

Prefácio

Quando recebi o convite de Jaime Nagase para escrever o prefácio de "Estratégias para Aplicações Modernas: Conectando Objetivos de Negócios às Decisões de Arquitetura", senti-me honrado e imediatamente intrigado. Conhecendo a profundidade técnica e a perspicácia estratégica do Jaime, sabia que este não seria apenas mais um livro técnico. A curiosidade para explorar sua abordagem, sempre disruptiva e visionária, me levou a devorar cada página. O resultado? Uma obra que instiga, desafia e entrega valor em múltiplos níveis.

Este livro não é apenas um manual técnico para arquitetos de software ou desenvolvedores experientes. Ele é um guia estratégico que transcende os limites tradicionais entre tecnologia e negócios. Ele mostra como decisões arquiteturais — sejam baseadas em microsserviços, arquiteturas serverless ou plataformas de containers como Kubernetes — podem impactar diretamente a agilidade, a escalabilidade e, principalmente, os resultados financeiros de uma organização.

O que mais me chamou atenção foi a profundidade com que Jaime aborda temas críticos para o ecossistema tecnológico atual. Desde a evolução das arquiteturas monolíticas para estruturas distribuídas até estratégias de transformação digital que alavancam computação em nuvem e práticas DevSecOps, o livro conecta a base teórica com aplicações práticas, tudo de forma extremamente acessível.

Em um cenário onde a inovação é constante e as expectativas de negócio são dinâmicas, capítulos sobre resiliência arquitetural, recuperação de desastres e continuidade operacional são um verdadeiro mapa para líderes que buscam navegar no imprevisível. A abordagem não apenas traz clareza, mas apresenta frameworks práticos para implementação de soluções robustas, otimizadas para evitar falhas críticas e maximizar disponibilidade.

Outro ponto que merece destaque é a seção dedicada à migração de sistemas legados. Com passos estruturados e estudos de caso detalhados, Jaime desmistifica a jornada de transformação para modelos baseados em microsserviços e plataformas nativas de nuvem. Ele explora temas como orquestração, desacoplamento de domínios e integração de pipelines CI/CD, tornando o processo de modernização algo tangível e menos intimidante.

E o que dizer das histórias que Jaime intercala ao longo do texto? Cada narrativa captura desafios reais que qualquer líder técnico enfrentará em algum ponto de sua carreira. São essas histórias que tornam o livro tão pessoal e cativante. Você não apenas aprende, mas se sente provocado a agir, a aplicar, a questionar suas próprias práticas.

Além disso, o livro consegue explorar um aspecto que frequentemente passa despercebido: a importância do alinhamento cultural e organizacional em projetos tecnológicos. Estratégias não são apenas decisões técnicas; elas dependem de colaboração entre equipes, visão compartilhada e uma compreensão profunda das metas organizacionais. Nesse contexto, "Estratégias para Aplicações Modernas" emerge como uma ferramenta essencial para CTOs, CIOs, arquitetos e líderes empresariais que desejam operar na interseção entre tecnologia de ponta e impacto nos negócios.

Jaime não apenas apresenta conceitos e práticas, mas nos desafia a pensar estrategicamente, a liderar a inovação em nossas organizações e a nos tornarmos agentes de mudança em um mercado cada vez mais competitivo e acelerado.

Em resumo, "Estratégias para Aplicações Modernas" é um roteiro indispensável para quem deseja dominar o presente e moldar o futuro da tecnologia. Ele é instigante, técnico, estratégico e, acima de tudo, transformador. Mais do que aprender sobre serverless, containers ou microsserviços, este livro ensina como tomar decisões arquiteturais que realmente movem o ponteiro nos negócios.

Como bem disse Werner Vogels, CTO da Amazon: "Tudo falha o tempo todo. A diferença está em como você se prepara para isso." Este livro é o que você precisa para estar preparado.

Thiago Oliveira *CTO Global da Coca-Cola Femsa (KOF)*

Parte I - Aplicação Moderna nos Negócios

Muito mais rápidas do que as de nossos ancestrais, nossas vidas no século XXI são mais complexas do que nunca, e entre muitas influências ambientais, sociais e políticas, essas transformações estão acontecendo principalmente devido à ampla gama de tecnologias que nos cercam. Como tudo está conectado, vemos o mesmo se aplicando em um contexto empresarial. Falhando em se reinventarem, muitas organizações desapareceram nas últimas décadas, sendo substituídas por empresas completamente novas ou renascendo como entidades totalmente diferentes.

Capítulo 1 - Aplicativos Modernos: Acompanhando o Futuro

"Tudo falha, o tempo todo" por Werner Vogels, CTO da Amazon.

Pequena História: O Tempo de Inatividade e o Desastre...

Devo confessar: vivendo neste mundo acelerado tanto quanto você, eu realmente não sei como escrever um livro pareceu atraente a princípio. Quando as "longas" vinte e quatro horas de um dia ainda não são suficientes para lidar com tudo, reservar uma quantidade significativa de tempo para estruturar ideias complexas pode ser desafiador e, para alguns, até desanimador. Mas gosto de pensar que, além de ser um cara experiente em tecnologia, considero-me também um bom contador de histórias, e a possibilidade de combinar essas duas características fez com que a missão de "escrever um livro" parecesse, em vez de um sacrifício autoimposto, como uma mistura de hobby e necessidade intelectual.

Então, vamos começar nossa jornada com uma pequena história

com a qual tenho certeza de que muitos de vocês podem se identificar (embora seja pura ficção da minha mente).

Conheça Brendon Cosby, 36 anos, sol em Capricórnio (analítico e razoável como deve ser) e Gerente de Incidentes em uma empresa chamada ACME.com. Na última sexta-feira à noite, por volta das 23h30, Brendon recebeu uma ligação do Centro de Comando sobre um incidente de produção que afetava todos os usuários na plataforma. Após uma rápida primeira avaliação, ele percebeu:

1. O evento começou por volta das 21h;
2. Há uma lista de 37 alterações agendadas para ocorrer simultaneamente no mesmo sistema, sendo 23 da equipe de infraestrutura e 14 das equipes de engenharia;
3. O sistema de e-commerce está fora de alcance, e os clientes estão recebendo uma mensagem de Erro de Tipo após fazerem login;
4. As equipes já estão reunidas para determinar qual alteração está afetando o sistema de e-commerce, e nenhuma delas está disposta a reverter suas alterações até que Brendon prove qual alteração está causando o erro;
5. Brendon precisa encontrar uma solução no menor tempo possível.

00:02 a.m. - Após algum tempo discutindo e analisando dados de monitoramento e observabilidade, nosso colega gerente descobre que todas as alterações de infraestrutura foram implementadas corretamente; nenhum dos alarmes de infraestrutura está vermelho e todos os componentes parecem estar se comportando corretamente. Ele também percebe que 100% dos usuários estão atualmente impactados e deve encontrar o Ponto Único de Falha (SPOF) responsável por tal incidente.

00:23 a.m. - Brendon passa cerca de 20 minutos conversando com os líderes de mudanças de engenharia e solucionando problemas para descobrir o que realmente está acontecendo na página de compras do usuário. Ele eventualmente decide reverter todas as alterações, uma a uma, seguindo uma ordem específica de probabilidade que ele imagina ser razoável.

03:17 a.m. - Todas as alterações foram revertidas e, para surpresa do nosso gerente, o erro ainda está lá! Que droga!!! Bem, Brendon então decide chamar todos os líderes de mudanças de infraestrutura e trazê-los para a mesa. Mas o tempo está se esgotando: em quatro horas a página de e-commerce deve estar funcionando.

03:42 a.m. - Quando quase todos os líderes de infraestrutura estão na chamada, Brendon eventualmente percebe que algumas das alterações não foram descritas corretamente e que a maioria delas tinha algumas tarefas ocultas, como aplicar patches de software e sistema operacional.

04:25 a.m. - Brendon inicia as reversões das mudanças de infraestrutura.

05:37 a.m. - Alteração 23789 -> Atualizar os servidores Websphere -> Imediatamente após Brendon reverter essas alterações, o e-commerce estava vivo e funcionando novamente. Uff!

Todos estamos felizes e orgulhosos da experiência e eficiência de Brendon, mas é claro que a ACME.com sofrerá os seguintes efeitos colaterais:

- **Impacto na Imagem** - Alguns usuários não conseguiram comprar produtos durante a interrupção, resultando em numerosos comentários negativos sobre a ACME.com no Twitter e Facebook;

- **Impacto Financeiro** - Os usuários encontraram outros lugares para fazer suas compras e podem não voltar à ACME.com no futuro próximo. Uma grande equipe de funcionários de TI trabalhou durante a noite, resultando em horas extras e custos adicionais;
- **Impacto nos Negócios** - Algumas das mudanças planejadas envolviam a introdução de novos produtos e funcionalidades, projetadas para atrair mais usuários e aumentar as vendas na plataforma de e-commerce. Agora, os proprietários de produtos terão que esperar mais duas semanas até que a próxima janela de mudanças se abra.

Info: Em 2023, a IDC e a AppDynamics relataram que as empresas da Fortune 1000 perdem entre 1,5 e 2 bilhões de dólares anualmente devido a interrupções não planejadas[1].

Como já disse antes, esta não é uma história real, mas poderia ser. Alguns de vocês podem pensar: "Sim, já experimentei algo assim pelo menos uma vez na vida!". Situações como a de Brendon eram muito mais comuns se você trabalhou em TI nos anos 90 ou 2000, mas ainda persistem até hoje.

[1] https://www.appdynamics.com/newsroom/press-release/idc-releases-first-ever-devops-and--application-performance-survey

Empresas Legadas no Mercado Moderno

Aprofundando-se no passado, nos anos 80, a tecnologia era considerada um custo para a maioria das empresas. Durante essa década, a tendência era reduzir custos, pessoal e até mesmo investimentos: reduzir para performar. No entanto, no final dos anos 90, um novo tipo de empresa surgiu, quebrando barreiras de mercado e criando um novo paradigma. Conheça as chamadas Organizações Exponenciais ou ExOs[2].

Da noite para o dia, negócios lineares viram sua participação de mercado e lucros encolherem — e, em última análise, desaparecerem — à medida que as empresas ExO cresciam. Tradicionais em sua essência e falhando em compreender a importância de reinventar suas estratégias, essas empresas ficaram perplexas: por que não estamos competindo igualmente com essas novas ExOs?

Segundo Ismail Salim, empreendedor em série indo-canadense, investidor anjo e estrategista de tecnologia, as ExOs crescem dez vezes mais rápido que as empresas lineares/tradicionais, independentemente de receita, participação de mercado, tamanho ou reputação. As ExOs realmente revolucionaram os mercados porque são mais sustentáveis, econômicas, confiáveis e centradas no cliente. Poderíamos passar dias listando muitos exemplos de EXOs, como Uber, Airbnb, AWS e Google.

Mas uma pergunta permanece: como essas ExOs cresceram rapidamente e se tornaram tão flexíveis e adaptadas? Dois

[2]Ismail, S., Malone, M. S., & van Geest, Y. (2014). *Exponential Organizations: Why new organizations are ten times better, faster, and cheaper than yours (and what to do about it).* Diversion Books.

frameworks-chave podem explicar isso: SCALE e IDEA. De acordo com Salim, essas letras representam características importantes que ajudam as ExOs a se manterem inovadoras e rápidas para enfrentar novos desafios.

SCALE

- Staff on demand permite que as ExOs gerenciem recursos humanos de forma flexível, aumentando ou diminuindo conforme as necessidades imediatas sem as restrições dos problemas tradicionais de emprego;
- Community & crowd aproveita o poder de grandes grupos fora dos limites organizacionais tradicionais, permitindo inovação e escalonamento através da colaboração;
- Algorithms ajudam a automatizar processos e tomar decisões baseadas em dados, aumentando a eficiência e eficácia. Da mesma forma, ativos alavancados significam que as ExOs minimizam a posse de ativos próprios, o que lhes permite reduzir custos e aumentar a agilidade operacional usando ativos de terceiros;
- Leveraged assets significa que as ExOs minimizam a posse de ativos próprios, reduzindo custos e aumentando a agilidade operacional usando ativos de terceiros;
- Engagement envolve técnicas como gamificação, prêmios de incentivo e loops de feedback digital para engajar ativamente clientes e usuários, criando uma experiência interativa atraente que impulsiona a lealdade e o crescimento;

IDEA

- Interfaces são protocolos cuidadosamente projetados e APIs que permitem que as ExOs gerenciem eficientemente as interações entre os sistemas principais e a comunidade externa.

- Dashboards fornecem insights acionáveis em tempo real através de análises, ajudando a monitorar o desempenho e guiar decisões.
- Experimentation é incentivada dentro das ExOs para testar continuamente novas ideias e abordagens, fomentando assim uma cultura de inovação e resiliência. Complementando isso, a autonomia é concedida a equipes e indivíduos, capacitando-os a tomar decisões rapidamente e se adaptar às mudanças do mercado, mantendo assim a flexibilidade organizacional.
- E, Autonomy é concedida a equipes e indivíduos, capacitando-os a tomar decisões e responder rapidamente às mudanças do mercado. Essa abordagem descentralizada é crítica para manter a velocidade e flexibilidade que caracterizam as Organizações Exponenciais.

Com base nas estruturas e culturas das ExOs, muitas metodologias foram criadas para auxiliar empresas legadas, ensinando-as novas formas de pensar, construir, criar e entregar TI. Essas empresas começaram a se reformular, buscando agilidade, redução do tempo de comercialização, foco no cliente, insights baseados em dados, e melhorias de produto, tais como:

- Agilidade, usando SaFE, Scrum e outros frameworks
- Cultura DevOps
- Engenharia de Confiabilidade de Sites (SRE)
- Gestão 3.0

É seguro dizer que mudanças estruturais como essas trazem imensos desafios. Enquanto muitas empresas prosperaram implementando novas culturas, governanças e processos, outras falharam ao longo da última década. Aqueles que implementaram com sucesso essas mudanças ainda sentem algum tipo de lacuna, algo que os impede de alcançar o mesmo ritmo das ExOs, fazendo-os perguntar: "E agora? O que está faltando na minha organização?".

Claro, não há uma resposta única para todos, cada empresa, cada operação e cada infraestrutura de negócios requer uma análise cuidadosa e altamente específica. No entanto, o que podemos afirmar é o papel indiscutível das aplicações modernas: elas ajudam as organizações a manter um rápido ritmo de inovação, alcançando múltiplas implementações resilientes e econômicas. Assim como toda banda de rock precisa da combinação de baterista + guitarrista + baixista + vocalista para produzir música harmoniosa e melodiosa, um departamento de TI precisa de aplicações modernas para garantir implementações suaves e harmoniosas. Remova qualquer componente e o processo provavelmente se tornará dissonante e ineficaz.

O que são Aplicações Modernas?

Estimulado pelo que gosto de chamar de "O Paradigma das ExOs", muitas empresas legadas têm se esforçado por melhor agilidade e qualidade de código para acompanhar esses novos players. Muitas delas superaram as probabilidades e transformaram sua cultura, mas para muitas outras, algo ainda está faltando. Mesmo com novos frameworks, essas empresas tradicionais sempre veem as EXOs um passo à frente, ganhando mais terreno ao desenvolver, melhorar e criar continuamente o que pode ser denominado como "aplicações modernas". Vamos começar a desvendar isso.

O termo "aplicações modernas" quase que imediatamente remete a algo novo, algo disruptivo, algo bastante desejado em um mundo onde moderno quase significa “vendedor”. No entanto, cuidado com a armadilha de uma primeira falácia: uma vez que você moderniza, seu trabalho está concluído e você nunca precisará fazer isso novamente. Absolutamente falso.

As aplicações modernas de hoje podem não ser consideradas modernas amanhã, e o teste do tempo pode provar isso. Comparando a tecnologia ao longo dos anos, podemos ver processadores RISC vs. CISC, mainframes vs. PCs/servidores, virtualização, containers, computação serverless, aplicações orientadas a serviços e aplicações distribuídas, e muito mais.

Aplicações baseadas em eventos são modernas em comparação com aquelas que rodam Cobol em mainframes. No entanto, em uma ou duas décadas (ou até em poucos meses, o que a IA sabe?), certamente teremos novas tecnologias que podem transformar as atuais em legado.

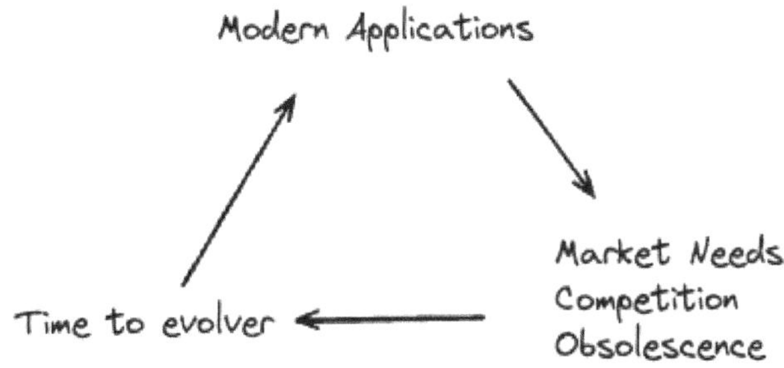

Aplicações Modernas vs Negócios

Vez após vez, temos rotulado a próxima geração de aplicações como "modernas", não importa o quão diferentes seus propósitos e peculiaridades. No entanto, todas essas Aplicações Modernas apresentam os mesmos benefícios-chave que toda empresa tem procurado:

- **Maior Agilidade no Mercado e Inovação** - Uma aplicação moderna pode ajudar um negócio a se mover mais rápido do que nunca, adicionando mais valor em termos de inovação, o que significa entregar rapidamente uma gama mais ampla de produtos digitais.
- **Centrado no Cliente** - Todas as interfaces devem fornecer ambientes amigáveis, tornando os usuários confortáveis com a navegação e fornecendo feedback durante todo o seu ciclo de vida.
- **Melhor Resiliência** - Uma aplicação deve ser capaz de lidar e se recuperar de falhas inesperadas enquanto garante a continuidade do serviço. Isso inclui auto-recuperação de falhas, escalabilidade para lidar com picos de tráfego e manutenção da integridade e disponibilidade dos dados mesmo durante interrupções de infraestrutura.
- **Flexibilidade, Extensibilidade e Facilidade de Mudança** - Esta é a capacidade de ser agnóstico em suas soluções e permitir que várias interfaces, ou outras aplicações, a chamem e recebam respostas adaptativas sem precisar mudar o código para cada cenário. Além disso, deve ser fácil adicionar, remover ou modificar funcionalidades internas com pouco ou nenhum impacto.
- **Aplicações Orientadas por Dados** - A aplicação deve fornecer dados internos sobre sua própria saúde e funcionalidades, bem

como insights para melhorar os resultados de negócios.

O principal objetivo deste livro é compartilhar experiências e estratégias para aplicações modernas que têm o poder de permanecer úteis ao longo dos anos. Os insights apresentados aqui ajudarão você a tomar decisões, priorizar e entender melhor as aplicações modernas. E por último, mas não menos importante, meu desejo é incutir a noção de que a adaptação contínua e a inovação são os verdadeiros pontos de virada para as organizações que aspiram ser bem-sucedidas e duradouras. Em um mundo tecnológico em constante mudança, apenas aqueles dispostos a passar por transformações contínuas podem esperar alcançar resultados semelhantes aos das ExOs.

Capítulo 2 - Reforma Digital: A Nova Escola?

"Não há alternativa à transformação digital. Empresas visionárias criarão novas opções estratégicas para si mesmas — aquelas que não se adaptarem irão falhar." — Jeff Bezos.

Pequena História 2: Transformação Digital, mesmo?

Vamos voltar à sede da ACME.com alguns dias após nossa pequena tragédia e ver o que está acontecendo com nosso amigo Brendon Cosby. Bem, aparentemente a tempestade passou e tudo voltou ao normal. Normal no escritório significa as mesmas velhas piadas feitas pelas mesmas pessoas, o café ralo, aquele equilíbrio sutil entre camaradagem e competição... No meio da tarde, o celular de Brendon tocou:

- "Ei, Brendon! Como você está, amigo?"

- "Estou bem, cara. Fazendo algumas lições de casa após nosso último RCA, implementando alguns processos após nosso recente incidente! E você, Paul?"

- "Estou bem, cara. Olha, estou ligando para ver se você pode passar no 15° andar? Estamos chamando todos os gerentes. Acho quc vão fazer algum tipo de anúncio, mas não me pergunte o que ou por quê, amigo!"

- "Agora?"

- "Isso mesmo!"

- "Ok, estou a caminho. Estarei aí em 2 minutos."

A mente de Brendon está a mil por hora. O monólogo é algo assim:

Bem, acho que é hora de ligar para a esposa e dizer - 'ei, querida, lembra aquelas férias que sempre quisemos, mas nunca tive tempo? Bem, boas notícias, agora tenho de sobra!'.*

"Ok, ok, calma, Brendon. A situação não é tão horrível, e eles nunca te demitiriam na frente de todos os gerentes, certo?

*Ah, é mesmo? No ano passado, colocaram 20% da equipe em uma sala e demitiram todos de uma vez!**

Brendon, c-o-n-t-r-o-l-e-se, cara

Outros gerentes se juntam a Brendon na fila do elevador. Sussurros sobre o incidente da semana passada enchem o ar. A tensão aumenta.

- *Bahamas? Talvez uma viagem só de ida para a Europa? *

Brendon entra na sala e decide não se sentar e apenas se encostar na parede. Assim, ele pode ver todos os gerentes, gerentes seniores, diretores e diretores executivos de uma vez ... e está mais perto da porta, apenas por precaução.

O Diretor de Informações entra por outra porta, fazendo uma aparição teatral, e Brendon pensa: 'Esse cara é legal, parece alguém que não tem uma única preocupação no mundo...'. Então, o CIO começa a falar:

"Senhoras e senhores,

Primeiro, quero apenas agradecer enormemente por esses incríveis últimos vinte anos na ACME.com. Passamos por muitos desafios e celebramos grandes vitórias juntos. Cada dia tem sido uma grande aventura graças ao seu trabalho árduo e comprometimento.

Hoje é um grande dia. Não é apenas mais uma marca no calendário, mas o começo de uma nova era para a ACME.com. O mundo está mudando, o mercado está mudando e a ACME precisa abraçar todas essas transformações e estar pronta para inovar. Estamos prestes a mergulhar no futuro com uma nova liderança e algumas ideias empolgantes.

*Tenho uma pequena confissão. Depois de todo esse tempo, finalmente me convenci a passar um tempo fazendo o que amo, mas nunca realmente tive tempo: pescar! Isso mesmo, é isso. Estou prestes a ver se sou tão bom com uma vara de pesca quanto sou com estratégias de negócios! *

*Mas antes de passar o microfone, quero compartilhar minhas melhores esperanças para todos. Tenho certeza de que a ACME.com está em boas mãos e sempre estará no meu coração. Estou animado com o que o futuro reserva para esta incrível empresa e para todos vocês que a tornam o que é. *

Agora, gostaria de convidar Matthew McCain, que tem algumas atualizações importantes para compartilhar com vocês. Vamos dar-lhe uma calorosa recepção!"

Após uma entrada muito menos apoteótica, Matthew anuncia David Martins como o novo CIO. Vindo de uma startup chamada

TheStartUp, sua missão é liderar e implementar uma Transformação Digital na ACME.com.

A Transformação Digital ..?

Eu sei. O termo parece abrangente e um pouco genérico à primeira vista, mas vamos nos aprofundar. Transformação digital significa a integração estratégica da tecnologia digital em todos os aspectos de uma organização. Este processo transformador revoluciona como as empresas entregam valor aos clientes, aproveitando ferramentas digitais inovadoras. O objetivo é promover mudanças culturais e operacionais que se alinhem com as necessidades em evolução dos clientes. Bem executada, pode mudar drasticamente a forma como uma empresa pensa, age, gerencia e lidera o trabalho.

Embora bastante complexa, a transformação digital é uma estratégia poderosa para se afastar do modelo organizacional tradicional que tipicamente possui muitos silos dentro de diferentes áreas, não apenas em TI. O modelo organizacional tradicionalmente encontrado é o seguinte:

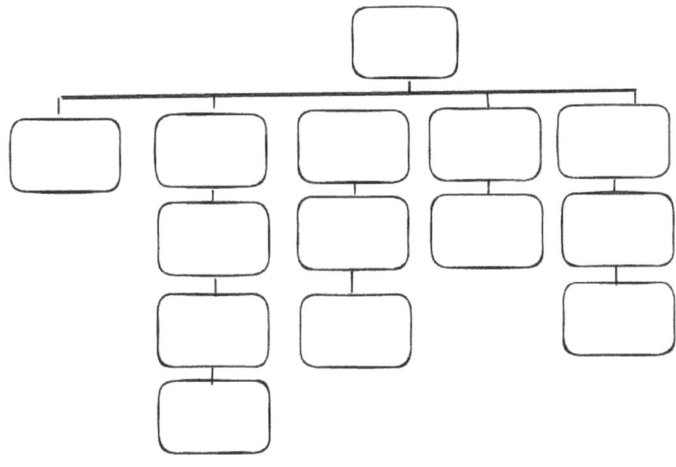

Organograma Linear Comum

Os benefícios e desafios deste modelo são fáceis de discutir. O foco é a especialização do conhecimento, o que cria certa interdependência entre as áreas. Semelhante ao Fordismo, aqui os processos funcionam horizontalmente, passando por várias áreas até o final da "linha de montagem" para garantir que tudo funcione sem problemas. No entanto, se uma área se tornar um gargalo, o processo ficará mais lento e até ineficiente.

O primeiro grande conflito nessa abordagem de transformação é que apenas a TI não pode trazer o lucro desejável para qualquer empresa: toda a cadeia de valor dos produtos precisa mudar. Em outras palavras, o modelo acima deve ser redesenhado para uma estrutura centrada no cliente.

Hoje, empresas lineares que buscam transformação digital visam alcançar o mesmo (ou melhor) nível de tempo de mercado e inovações disruptivas vistas nas ExOs. Aqui podemos listar algumas qualidades destas últimas:

- **Propósito Transformador Massivo (PTM)** - Elas têm um forte propósito de mudar a vida dos seres humanos, como o Uber para revolucionar o modo de transporte.
- **Cultura Ágil e Adaptativa** - Vivendo em um ambiente integrado sem culpas por falhas (implica falhas anteriores que trariam conhecimento necessário).
- **Cultura de Inovação** - Decisões centradas no cliente, explorando novas tecnologias para priorizar o empreendedorismo.
- **Estruturas de tomada de decisão descentralizadas** - Decisões inteligentes e pequenas tomadas todos os dias, em todo lugar, levando a um melhor engajamento e mentalidade de propriedade.
- **Baseada em Tecnologia** - Focando em soluções inteligentes com melhor custo para escalar e alcançar rapidamente os resultados usando a melhor tecnologia.
- **Papéis Flexíveis** - Indivíduos podem usar múltiplos chapéus ou mudar de papéis conforme necessário, contribuindo para vários aspectos de um projeto, o que aprimora o aprendizado e a adaptabilidade dentro da equipe.

Repensando essa abordagem do organograma, uma das primeiras mudanças necessárias é criar unidades autônomas, que podem ser criadas simplesmente fundindo áreas anteriormente separadas. Marketing, UX, Gestão de Produtos, Gestão de Projetos, Atendimento ao Cliente e TI podem ser fundidos em uma única unidade. Esta nova estrutura permite que as empresas especializem seus produtos e tomem decisões personalizadas e rápidas para cada um de seus diversos grupos de clientes.

Imagine uma unidade de entrega de cartão de crédito onde Marketing, UX, TI e Finanças compartilham os mesmos objetivos. Nesta configuração, todos esses papéis respondem diretamente a um único líder focado no mesmo cliente específico: o Cliente de Cartão de Crédito.

Os processos são deshorizontalizados, passando por várias áreas em um novo modelo centralizado dentro de cada célula independente, permitindo um processo de tomada de decisão mais rápido e centrado no cliente. A figura abaixo mostra um modelo celular independente.

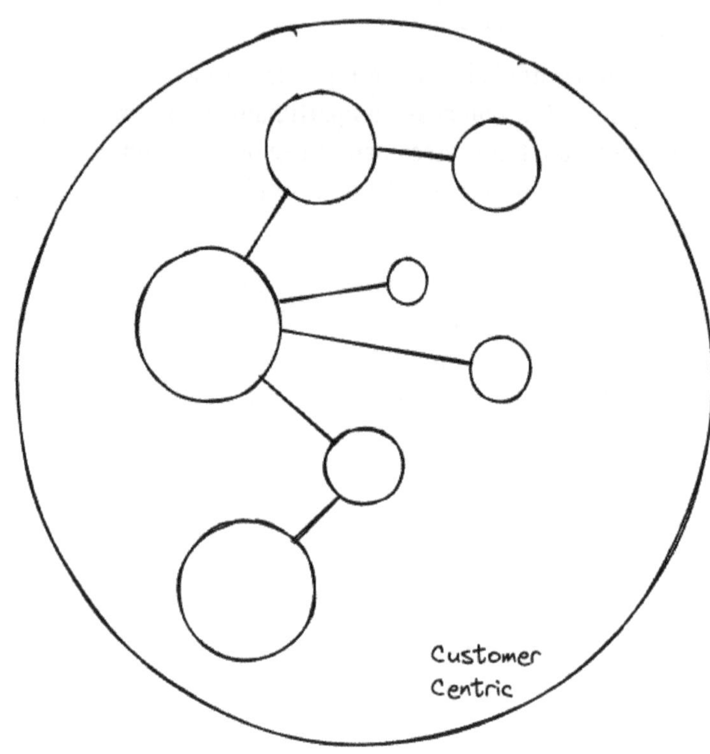

Modelo Celular Independente

Parece bastante simples, certo? Basta colocar uma pessoa de cada área para trabalhar em um produto dentro de uma célula e pronto. Em teoria, sim, mas na prática... nem tanto! Os desafios da transformação digital são numerosos e requerem uma transformação significativa de mentalidade. Aqui está como as coisas são feitas:

Primeiramente, tal mudança frequentemente exige que os líderes desistam do controle rígido sobre suas equipes, o que pode ser perturbador. Este antigo modo de fazer as coisas não só atrasa o movimento dos funcionários, mas também retarda a formação de grupos de trabalho independentes, afetando a velocidade das operações gerais dentro da organização.

Em segundo lugar, à medida que as organizações configuram grupos especializados para obter um melhor foco, a gestão eficaz dos recursos muitas vezes é negligenciada inicialmente, possivelmente criando a necessidade de contratar mais pessoal. Por exemplo, um funcionário que antes gerenciava processos para diferentes tipos de clientes pode agora precisar se concentrar apenas em um tipo, o que cria vagas para outros lidarem com os mesmos processos em novos grupos específicos de clientes.

Um equívoco comum é que a transformação digital deve ser feita apenas dentro do departamento de TI quando, na realidade, deve incluir todas as áreas (RH, gestão de produtos e outras). Incluir essas diferentes áreas ajuda a organização como um todo a se tornar mais rápida. Simplificar processos que geralmente desaceleram fora da área de TI – como contratações rápidas e tomadas de decisões que respondem rapidamente ao mercado – cria um grande benefício para o cliente final.

O foco nos Objetivos e Resultados-Chave (OKRs) é um grande afastamento do controle tradicional. Aqui, o papel de um gerente muda de definir regras rígidas para orientar os funcionários a encontrar suas próprias maneiras de alcançar os objetivos, sempre com o objetivo de entregar mais valor ao cliente.

Uma mudança sistemática na percepção e na forma como as

avaliações de desempenho são realizadas também é um passo extremamente importante nesse processo. Envolve mudar a forma como as avaliações são conduzidas, incentivando os funcionários a se avaliarem abertamente e aos outros, garantindo que eles se encaixem bem com a cultura da empresa e contribuam para alcançar e superar os OKRs.

O conceito de liderança também está evoluindo. A verdadeira liderança agora requer orientação clara e apoio para alcançar metas, e líderes antiquados devem ser treinados para empoderar equipes, permitindo que tomem decisões, assumam riscos e assumam responsabilidades com uma perspectiva de longo prazo. Apenas um ambiente colaborativo pode realmente ajudar equipes e indivíduos a alcançarem seu potencial.

Finalmente, qualquer transformação digital bem-sucedida deve começar de cima, iniciando como uma mudança cultural que demonstra o compromisso e a visão dos principais líderes, especialmente do CEO. Embora haja muitas maneiras de alcançar a transformação digital, todas enfrentam desafios comuns. Isso destaca a importância de estar preparado para esses desafios, independentemente de sua posição na organização.

A Transformação Digital é algo bom, mas também pode ser desafiadora. Ela interrompe fluxos de trabalho estabelecidos e tira os funcionários de suas zonas de conforto. No entanto, uma vez que a transformação é concluída, tanto a empresa quanto sua cultura inevitavelmente buscarão novos avanços.

Aplicativos Modernos na Transformação Digital

A estrutura de uma organização impacta significativamente o quão efetivamente ela pode operar e inovar. Para se tornarem mais ágeis, muitas empresas estão se afastando de estruturas hierárquicas tradicionais para adotar estruturas horizontais ou celulares.

A Lei de Conway[1] oferece uma visão sobre a influência da estrutura de uma empresa no desenvolvimento de software. A lei sugere que o design dos sistemas desenvolvidos por uma empresa refletirá suas estruturas de comunicação interna. Por exemplo, uma empresa com várias equipes pequenas e independentes provavelmente criará sistemas modulares com interfaces bem definidas, refletindo a estrutura descentralizada da organização. Esse resultado não ocorre por acaso, mas sim como uma consequência direta dos caminhos de comunicação interna da empresa.

Mesmo com a adoção de práticas como Agilidade, Scrum, DevOps, CI/CD e Infraestrutura como Código (IaC), as empresas muitas vezes precisam revisar e ajustar suas arquiteturas de software para maximizar a velocidade de entrega e suportar múltiplas implantações. A necessidade de adaptar a arquitetura de software para aproveitar plenamente as práticas ágeis e de DevOps é um tema comum nas discussões sobre transformação digital.

No contexto de software legado, as limitações impostas pela Lei de Conway podem ser particularmente desafiadoras. Organizações

[1]Skelton, M., Pais, M., & Bell, M. (2019). *Team Topologies: Organizing Business and Technology Teams for Fast Flow.* IT Revolution Press.

com estruturas rígidas ou silos departamentais podem ter dificuldades para adotar práticas que promovam maior agilidade e capacidade de resposta. Consequentemente, a arquitetura de software pode precisar ser repensada para facilitar essas mudanças.

Uma vez que os negócios e o departamento de TI tenham implementado com sucesso processos, governança e gestão de pessoas, é crucial reconhecer que aplicativos modernos são facilitadores chave da verdadeira agilidade e inovação. Eles agem como combustível, fazendo com que todos os elementos funcionem harmoniosamente, garantindo que a arquitetura do sistema, incluindo aplicativos e infraestrutura baseados em nuvem, possa apoiar efetivamente os objetivos da empresa. Uma estrutura coesa não apenas promove melhor comunicação e colaboração entre as equipes, mas também melhora a escalabilidade e manutenção do sistema. À medida que o papel das tecnologias de nuvem cresce dentro de uma empresa, alinhar a estrutura organizacional com a arquitetura tecnológica torna-se ainda mais crucial.

Além disso, adotar uma mentalidade de 'falhar rápido' dentro de organizações ágeis é vital para promover inovação rápida e melhoria contínua. Essa abordagem incentiva as equipes a prototipar rapidamente, testar suposições e ajustar direções com base em feedback em tempo real. Ao permitir que as equipes operem com sistemas dedicados, as empresas capacitam essas equipes a correr riscos calculados sem o medo de consequências negativas extensas. Essa independência é crucial, pois permite que as equipes aprendam com seus fracassos em um ambiente controlado e gerenciável. Cada fracasso se torna uma oportunidade de aprendizado, contribuindo para a base de conhecimento da equipe e da organização, e otimizando estratégias e processos futuros.

Agora vamos comparar a forma como as ExOs são estruturadas e as promessas dos Frameworks Ágeis, DevOps e Aplicativos Modernos.

	ExOs	DevOps	Agile	Modern Apps
Continuous Innovation	Environment of continuous innovation through external partnerships, rapid prototyping, continuous delivery of improvements, or adaptable software architecture supporting new technologies integration	Promotes environment of continuous innovation through rapid prototyping, flexible methodologies, and automation, enabling quick adaptation to market changes	Emphasizes continuous innovation through flexible methodologies, iterative development, and rapid feedback loops, fostering adaptation to market changes	Built to support continuous innovation with modular structures, advanced infrastructure, and rapid deployment capabilities
Rapid Adaptation to Change	Embraces agile mindset and flexible structures for quick adaptation to market shifts	Incorporates practices for rapid adaptation to market changes through automation and collaboration	Agile methodologies and iterative development enable swift response to market dynamics	Designed with modular and scalable architecture for rapid adaptation to changing market needs
Scalability	Utilizes external resources and communities for scalability	Facilitates scalability through automation and flexible practices	Agile practices enable scalable development processes	Designed with scalability in mind using advanced infrastructure technologies
Data-Driven Decisions	Prioritizes data-driven decision making, analyzing user feedback and operational data	Leverages data for informed decision making in development and operations	Emphasizes data analysis for informed decision making	Data-driven approach guides development and operational decisions
Reduced Time to Market	Leverages external networks for accelerated innovation and quick product launches	Focuses on rapid development cycles and continuous delivery for reduced time to market	Enables quick deployments through iterative development and continuous integration	Designed to support quick product launches and updates for reduced time to market
Organizational Resilience	Promotes flexible adaptation and planning for resilience	Incorporates redundancy and disaster recovery practices for resilience	Agile frameworks foster resilience through flexibility and adaptability	Ensures high availability and disaster recovery for organizational resilience
Cross-Team Collaboration	Facilitates effective communication and collaboration across teams and stakeholders	Emphasizes ongoing collaboration between development, operations, and business teams	Prioritizes collaboration for value delivery and stakeholder engagement	Fosters collaborative environment for effective communication and value delivery

Tabela 1: Comparação de Aplicativos Modernos

ExOs, metodologias ágeis, DevOps e Aplicativos Modernos estão intimamente interligados, e seu uso combinado traz benefícios significativos para os negócios. Esses conceitos se integram perfeitamente para impulsionar melhorias substanciais e aqui está como cada componente contribui e as vantagens que oferecem quando combinados:

1. **Inovação Contínua** Manter uma vantagem competitiva e liderança de mercado requer inovação contínua. Esses conceitos

promovem um ambiente de inovação contínua por meio de prototipagem rápida, entrega contínua de melhorias e uma arquitetura de software que suporta a integração de novas tecnologias.

2. **Adaptação Rápida às Mudanças** - A capacidade de se adaptar rapidamente às mudanças do mercado é uma característica comum desses conceitos. Essa adaptabilidade é evidente na flexibilidade das metodologias ágeis, na estrutura modular dos aplicativos modernos, na implementação do DevOps e na mentalidade ágil das ExOs.
3. **Escalabilidade** - A escalabilidade é crucial para o crescimento dos negócios e está embutida em todos esses conceitos. As ExOs aproveitam recursos e comunidades externas para escalar, enquanto DevOps e Ágil facilitam a escalabilidade por meio de automação e práticas flexíveis. Aplicativos modernos são escaláveis usando tecnologias de infraestrutura avançadas.
4. **Decisões Baseadas em Dados** - Tomar decisões com base em dados é uma prioridade em todos esses modelos. Isso envolve analisar feedback dos usuários, monitoramento em tempo real e dados operacionais para orientar o desenvolvimento e as operações, garantindo que as decisões sejam informadas e orientadas para resultados.
5. **Redução do Tempo de Mercado** - Reduzir o tempo para lançar novos produtos ou serviços é um objetivo comum. Ágil e DevOps focam em ciclos de desenvolvimento rápidos e entrega contínua, enquanto aplicativos modernos são desenvolvidos para implantações rápidas. As ExOs aproveitam redes externas para acelerar a inovação.
6. **Colaboração entre Equipes** - A colaboração entre as equipes

de desenvolvimento, operações e negócios é essencial em todos esses conceitos. Ela facilita a comunicação eficaz e um ambiente colaborativo, melhorando a entrega de valor para as partes interessadas. Ágil e DevOps, em particular, enfatizam a importância da comunicação e colaboração contínuas.

Aplicações Modernas são o componente-chave final que ajuda as organizações a alcançar resultados tecnológicos ótimos para apoiar os objetivos de negócios. Elas fornecem uma arquitetura que suporta implantações contínuas, alta resiliência, decisões oportunas baseadas em dados, controle de custos e eficácia. Isso permite que as organizações maximizem os benefícios das Metodologias Ágeis, DevOps e SRE.

Modelo de Maturidade de Modernização de Aplicações

A jornada para alcançar todos os benefícios listados acima é desafiadora e requer paciência e mudanças incrementais ao longo do tempo. Cada mudança tem um impacto cultural significativo, especialmente para empresas tradicionais com anos de pensamento linear bem-sucedido.

Com base em meus anos de experiência implementando DevOps, utilizando Frameworks Ágeis, e mais recentemente auxiliando empresas a adotar ou migrar para Aplicações Modernas, identifiquei quatro tipos de clientes e os esforços que esses clientes podem precisar para começar a usar, expandir ou entender o que são Apps Modernas.

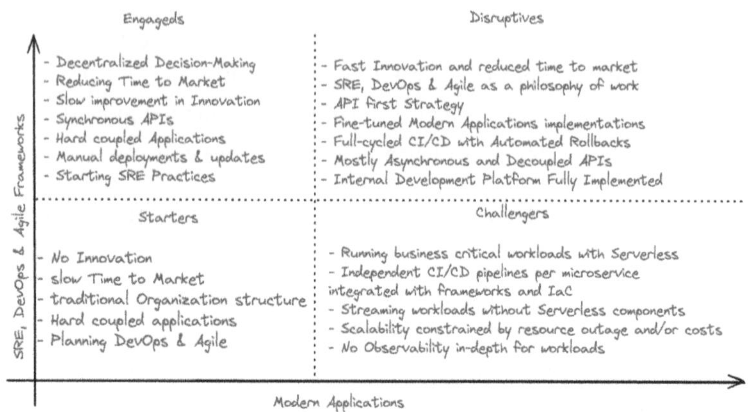

Modelo de Maturidade AppMod

1. **Iniciantes** - Essas empresas estão atrasadas na adoção de Frameworks Ágeis e DevOps. Elas precisam evoluir sua cultura DevOps e seus processos Ágeis e mudar a cultura internamente para ter o cliente como um elemento fundamental na tomada de decisões.
2. **Engajados** - Usam amplamente práticas Ágeis e DevOps com uma estrutura de tomada de decisões descentralizada, mas lutam para reduzir o tempo de lançamento no mercado enquanto experimentam uma melhoria lenta na inovação. Eles enfrentam problemas técnicos, como falta de escalabilidade ou resiliência. Além disso, os Engajados atualmente dependem de implantações e atualizações manuais, mas estão começando a adotar práticas de Engenharia de Confiabilidade de Site (SRE) para melhorar a eficiência operacional e a confiabilidade.

3. **Desafiantes** - Estão implementando práticas ágeis, DevOps e SRE e são tecnicamente adeptos, já utilizando microsserviços e infraestrutura como código. Eles também estão começando a adotar engenharia de caos, estratégias API-first e microservices-first. Além disso, estão se familiarizando com estratégias de engenharia de plataformas, incluindo plataformas de API e provisionamento.
4. **Disruptivos** - Ágil, DevOps e SRE estão bem estabelecidos como filosofias de trabalho na empresa. Além disso, outros departamentos melhoraram seus processos para manter o mesmo ritmo do departamento de TI. Eles implementaram uma estratégia API-first. Seus pipelines CI/CD estão totalmente integrados, com reversões automáticas para gerenciamento de implantações. Eles usam APIs assíncronas e desacopladas e implementaram totalmente uma plataforma de desenvolvimento interna para simplificar os processos de desenvolvimento.

Este modelo representa as características de uma empresa, esquadrão, tribo ou equipe em Aplicações Modernas e ajuda a entender onde está e quais aspectos os outros possuem. No entanto, observe que não representa etapas fixas que você deve seguir para alcançar o estado da arte em Apps Modernas.

Ao se aprofundar, o modelo também ajuda a entender qual caminho a empresa tomou, e uma vez que essa autoavaliação é feita, a empresa pode descobrir onde deseja estar. Na maioria dos casos, a avaliação deve ser feita em mais de uma equipe na empresa, e cada equipe terá sua própria pontuação dentro do modelo.

Aqui estão algumas perguntas que você pode fazer ou responder para saber onde está no AM3: Modelo de Maturidade de Modernização de Aplicações:

1. **Processo de Inovação** - Sua empresa possui um processo formal de inovação? Avalie de 1 (Nenhum processo formal) a 5 (Altamente inovador com processos estruturados).
2. **Velocidade de Mercado** - Quão rapidamente sua empresa pode levar um novo produto ou recurso do conceito ao mercado? Avalie de 1 (mais de um ano) a 5 (menos de 3 meses).
3. **Estrutura Organizacional** - Descreva a estrutura organizacional de sua empresa. Avalie de 1 (Tradicional e hierárquica) a 5 (Plana e flexível).
4. **Processos de Tomada de Decisão** - Os processos de tomada de decisão são centralizados ou descentralizados em sua organização? Avalie de 1 (Altamente centralizado) a 5 (Altamente descentralizado).
5. **Acoplamento de Aplicações** - Suas aplicações são predominantemente fortemente acopladas ou fracamente acopladas? Avalie de 1 (Fortemente acopladas) a 5 (Fracamente acopladas).
6. **Acoplamento de Sistemas** - Quão acoplados estão seus sistemas internos? Avalie de 1 (Acoplado/Síncrono) a 5 (Assíncrono e desacoplado).
7. **Maturidade em DevOps e Ágil** - Descreva a maturidade de suas práticas DevOps e Ágeis. Avalie de 1 (Nenhuma implementação) a 5 (Implementado e amadurecido).
8. **Gestão de Implantação** - Como são gerenciados seus processos de implantação? Avalie de 1 (Implantações manuais) a 5 (Implantações automatizadas com CI/CD).

9. **Engenharia de Confiabilidade de Site (SRE)** - Você emprega práticas de Engenharia de Confiabilidade de Site (SRE)? Avalie de 1 (Não iniciado) a 5 (Totalmente implementado e integrado).
10. **Escalabilidade e Gestão de Custos** - Como sua empresa lida com desafios de escalabilidade relacionados a falhas de recursos ou custos? Avalie de 1 (Severamente limitado) a 5 (Altamente escalável com gestão eficiente de custos).
11. **Componentes Serverless** - Suas cargas de trabalho são gerenciadas através de componentes serverless? Avalie de 1 (Nenhum uso de tecnologias serverless) a 5 (Uso extensivo de serverless em operações críticas).
12. **Observabilidade e Monitoramento** - Qual é o nível de observabilidade e monitoramento aprofundado para suas cargas de trabalho? Avalie de 1 (Observabilidade pobre) a 5 (Observabilidade avançada com monitoramento proativo).

Como Utilizar Esta Avaliação?

As empresas devem responder a cada uma dessas perguntas com uma classificação na escala fornecida. A soma dessas classificações pode ajudar a determinar sua colocação dentro do modelo:

- Pontuação total 12-24: Provavelmente cai no quadrante dos Iniciantes.
- Pontuação total 25-36: Provavelmente cai no quadrante dos Envolvidos.
- Pontuação total 37-48: Provavelmente cai no quadrante dos Desafiadores.
- Pontuação total 49-60: Provavelmente cai no quadrante dos Disruptivos.

Esta avaliação é uma lista básica de perguntas que você pode revisar, remover, recriar ou expandir. O segredo está relacionado ao diagrama e aos aspectos dos quadrantes das empresas, pois eles ajudarão a entender mais a jornada da empresa.

Capítulo 3 - Operação Atualização: Como Não Explodir Seu Sistema

"Planos são apenas boas intenções, a menos que se transformem imediatamente em trabalho árduo." – Peter Drucker

Pequena História 3: O quê? Estou encarregado do quê?

Vamos voltar aos nossos amigos da ACME.com. Após um ano no comando, o novo CIO David Martins iniciou algumas mudanças revolucionárias dentro da organização. Ele integrou as equipes da Linha de Negócios (LOB) com desenvolvedores de software e arquitetos de soluções para formar uma Equipe de Produto. Além disso, ele introduziu dois novos papéis: o Engenheiro DevOps e o Engenheiro de Confiabilidade do Site, e também começou a transição das infraestruturas locais para um sistema baseado em nuvem. Talvez os dados possam descansar em paz nas alturas, mas Brendon e seus colegas certamente devem estar no inferno!

ACME não começou a migrar cargas de trabalho para a nuvem; em vez disso, novas cargas de trabalho e funcionalidades estão sendo criadas diretamente na nuvem, uma estratégia que a ACME chama de "Nuvem Primeiro!" "Somos habilidosos em gerenciar data centers, então por que a mudança para a nuvem? Isso colocará nossos empregos em risco? Vamos ser demitidos?", se pergunta desesperadamente nosso amigo Brendon Cosby.

Bem...

A verdade é que Brendon deve admitir que a infraestrutura atual da ACME não pode igualar a agilidade da nuvem. Eles podem entregar uma nova máquina virtual tão rápido quanto um provedor de nuvem, mas não 200 máquinas de uma só vez! Brendon percebe imediatamente que definitivamente precisa se reeducar. Uma coisa que chamou sua atenção é que as cargas de trabalho na nuvem são mais resilientes do que aquelas nos data centers locais da ACME. Brendon não tem certeza do porquê, mas de acordo com seus painéis, eles experimentam mais interrupções do que aquelas cargas de trabalho na nuvem.

A equipe não se mudou para as LOBs; em vez disso, eles se transformaram em uma espécie de Área Técnica para apoiar as LOBs em sua jornada. Para Brendon, nada realmente mudou.

Ainda.

Sexta-feira de manhã, seu Slack apareceu com uma mensagem de David Martins.

- "Ei Brendon, como você está? Está muito ocupado? Pode vir ao meu escritório por um momento, por favor?"

- "Olá, Sr. Martins. Estarei aí imediatamente!"

Cinco minutos depois, no escritório de Martins:

- "Oi Brendon, muito obrigado. Como você tem estado?"

- "Tenho estado bem, senhor, obrigado! E você?"

- "Por favor, cara, já pedi para me chamar de Dave! Estou bem, obrigado por perguntar! Mas realmente preciso de ajuda."

- "Claro, si... Dave! Como posso ajudá-lo?"

- "Aqui está a coisa. Você está trabalhando aqui há quase sete anos, e como Gerente de Incidentes, você deve saber tudo sobre os sistemas, aplicativos e seu impacto nos negócios, certo?"

Brendon engole em seco (e começa a suar) um pouco.

- "Bem, Dave, posso dizer que ainda estou aprendendo, mas tenho um pouco mais de conhecimento do que os outros, já que todas as questões e incidentes estão sob minha responsabilidade."

- "Certo, certo. Então você deve saber que estamos implementando algumas mudanças aqui na ACME, e estamos tentando criar uma cultura que seja rápida e mantenha nosso cliente no centro de nossas decisões, certo?"

- "Sim, e todos estão falando positivamente sobre isso. Parabéns à equipe de comunicações internas. Eles estão fazendo um ótimo trabalho em nos manter informados sobre o porquê, o quê e como das coisas."

- "Não estão? Mas, Brendon, a verdade é que falta uma coisa. Mesmo depois de todas as mudanças estruturais que implementamos no ano passado, ainda não estamos alcançando o ritmo que o CEO deseja. Então, agora precisamos focar em nossos aplicativos e arquiteturas, e eu gostaria de movê-lo para outra posição. Gostaria que você liderasse algo chamado 'Estratégia de Aplicações Modernas'."

- "Uau... Senhor, tem certeza? Porque, preciso lhe dizer que não sei nada sobre esse assunto e..."

- "Calma, cara! Precisamos de sua expertise em negócios, aplicativos, impacto... Mas para lidar com a área de tecnologia, você terá uma boa equipe para guiá-lo!"

- "Senhor, com todo respeito..."

- "Daaaveee, por favor!... E Brendon, pensei em você porque sei que você aprende mais rápido do que os outros..."

"O quê? Eu? Hahahaha. Esse homem deve estar brincando comigo."

- "Ok, Dave, Dave! Desculpe! Mas..."

- "Sem mais 'mas', cara. Eu escolhi você por um motivo, ok? Eu preciso de você, Brendon."

Metas de Negócios tendo Pessoas no Centro

Iniciar um plano é sempre uma tarefa desafiadora, mas todos os planos seguem uma estrutura semelhante:

1. Definição de metas.
2. Avaliação da situação atual.
3. Desenvolvimento de uma estratégia de implementação.
4. Alocação de recursos.
5. Implementação.

6. Monitoramento e controle.
7. e Avaliação e revisão.

No contexto de um Plano de Aplicações Modernas, essa estrutura permanece praticamente a mesma, mas há algumas considerações adicionais. O plano deve ser ágil, permitindo flexibilidade e ajustes rápidos. Ele também deve ser escalável para lidar com níveis variados de demanda. Além disso, o plano deve apoiar uma abordagem de "aprendizado rápido", onde falhas são rapidamente identificadas e aprendidas, permitindo melhorias contínuas ao longo do processo.

Uma parte crucial de um Plano de Aplicações Modernas é garantir que ele esteja alinhado com os objetivos de negócios. Deve ser flexível, capaz de escalar para cima ou para baixo, e permitir correções rápidas quando algo der errado. No entanto, também é crucial que todos, desde os executivos de alto nível até os gerentes intermediários, compreendam por que a modernização é necessária. Quando os líderes não conseguem responder a essa simples pergunta "Por que modernizar?", problemas certamente surgirão. Na minha experiência, isso ocorre porque muitos deles não estão conectados aos objetivos de negócios e, para modernizar aplicações, é obrigatório vislumbrar os resultados desejados do negócio. Para modernizar com sucesso, é necessário ter uma ideia clara, abrangente e completa de seus objetivos para que cada passo no plano seja desenhado e executado para alcançá-los.

Alguns objetivos de negócios genéricos podem incluir:

1. Aumentar a lucratividade.
2. Aumentar a participação de mercado.
3. Melhorar a resiliência.

4. Aprimorar a inovação.
5. Ser mais econômico.

No entanto, os objetivos que realmente impulsionam a modernização são mais específicos e focados no cliente:

1. Alcançar ciclos de lançamento 5x mais rápidos para novos produtos.
2. Antecipar as necessidades dos clientes e reduzir o tempo entre compras em 3 vezes.
3. Oferecer produtos mais personalizados para clientes de 5 tipos diferentes.
4. Criar uma nova linha de negócios para fornecer serviços financeiros aos nossos clientes.

Consegue perceber a diferença? A segunda lista coloca os clientes no centro do negócio. A tecnologia se torna um facilitador chave para alcançar esses resultados de clientes e negócios. Esses objetivos devem ser consistentes em toda a empresa, incluindo áreas como marketing, RH, compras e TI.

Os objetivos ajudarão a criar uma cultura, processos e governança centrados no cliente, impactando diretamente a tecnologia em si. Lembre-se: as pessoas são o ativo mais importante na jornada de aplicações modernas.

Para avançar efetivamente com o plano, a melhor abordagem é estabelecer duas equipes colaborativas, cada uma focando em uma frente de trabalho distinta. A primeira equipe será responsável por desenvolver padrões modernos usando arquiteturas contemporâneas para atender prontamente às novas demandas de negócios. A segunda equipe se concentrará em criar padrões para migrar sistemas legados para arquiteturas modernas.

Essas novas equipes serão compostas por campeões de vários departamentos, indivíduos apaixonados por tecnologia e que possuem uma forte conexão com Aplicações Modernas. Trabalhando juntos, eles desenvolverão padrões, arquiteturas de referência e RFCs baseados em percepções e lições aprendidas de projetos anteriores.

Ao discutir uma equipe proficiente em Aplicações Modernas, não estou implicando expertise universal para todos. Mas, para fomentar uma unidade coesa, é essencial ter membros da equipe com experiência prévia na implementação de tais aplicações. Esses indivíduos compreendem as compensações inerentes às decisões de arquitetura e entendem seus potenciais impactos nos negócios.

Após a migração inicial e a entrega de valor inicial do novo sistema, é imperativo que essas equipes documentem suas experiências. Essa documentação deve capturar sistematicamente o que funcionou, o que não funcionou e quais desafios ou oportunidades contínuas ainda precisam ser exploradas.

Alguns dos membros da equipe inicial então transitarão para novos papéis como líderes técnicos para equipes subsequentes. Essa abordagem garante a transferência de conhecimento tácito e lições aprendidas, promovendo continuidade e prevenindo a recorrência de erros passados enquanto propagam práticas de sucesso. Este ciclo continua até que a metodologia permeie toda a organização.

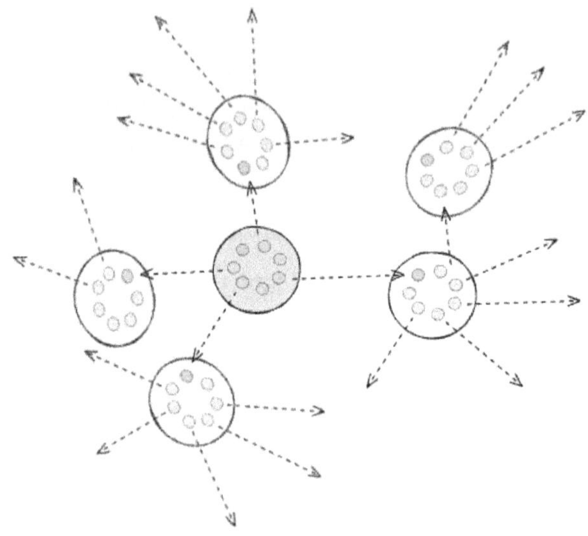

Alguns membros se movendo para novas equipes

Claro, algumas empresas podem não ter recursos suficientes para manter duas equipes dedicadas tanto para novos sistemas quanto para sistemas legados. Nesse caso, meu conselho é priorizar o novo produto ou serviço. Isso demonstra quão rapidamente e efetivamente sua nova abordagem de desenvolvimento pode entregar resultados. Depois que você demonstrar esses benefícios, poderá ganhar apoio e solicitar recursos adicionais.

Agora, é hora de escalar! Meu conselho aqui é simples como isto: KISS – Keep It Simple, Stupid. A primeira vez que ouvi esse acrônimo, ele me lembrou do meu primeiro chefe na EDS, que sempre dizia: "Se algo está ficando muito complicado, você provavelmente está no caminho errado." Isso é especialmente verdade quando se trata de Aplicações Modernas. Se você está liderando sua empresa em direção à adoção de Aplicações Modernas, deve manter a simplicidade e aproveitar as forças das pessoas ao seu redor.

Agora que suas equipes estão montadas, é hora de focar em dois aspectos cruciais: autonomia e alinhamento. Como ilustrado pela cultura de engenharia do Spotify[1], equilibrar esses dois elementos é fundamental.

---

[1] https://engineering.atspotify.com/2014/03/27/spotify-engineering-culture-part-1/

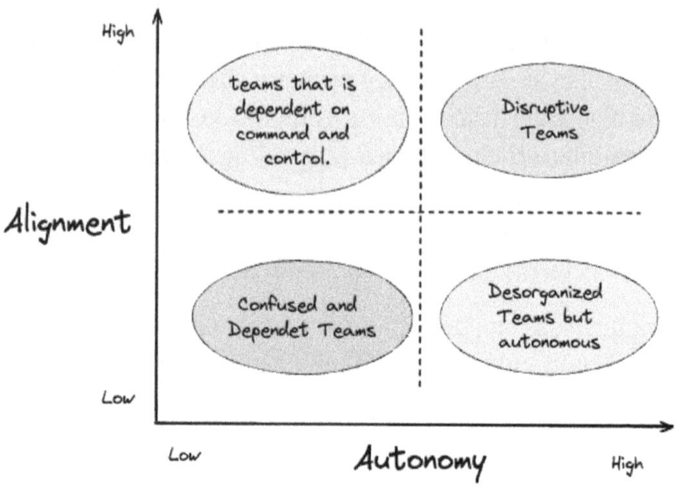

Cultura de Engenharia do Spotify – Parte 1

A cultura organizacional do Spotify enfatiza o equilíbrio entre alinhamento e autonomia dentro de seus squads. Essa abordagem ajuda as equipes a inovar e trabalhar de forma eficiente, mantendo-se alinhadas à estratégia geral da empresa.

- **Alinhamento** – Garante que todos os squads trabalhem em direção aos mesmos objetivos e metas, tendo a liberdade de decidir como alcançá-los. Isso é realizado por meio da comunicação clara da visão, missão e prioridades estratégicas da empresa.
- **Autonomia** – Permite que os squads operem de forma independente e tomem suas próprias decisões em relação aos processos de trabalho e soluções. A autonomia estimula a

criatividade, inovação e agilidade, permitindo que as equipes respondam rapidamente a mudanças e desafios.

A transição do Spotify para microsserviços é outro exemplo notável. Confrontados com o rápido crescimento de usuários e a necessidade de ciclos de implantação mais rápidos, eles visaram aumentar a resiliência, a velocidade de entrega e a escalabilidade. Essa mudança arquitetônica permitiu que as equipes operassem de forma independente, melhorando significativamente os tempos de implantação e a confiabilidade do sistema[2].

De forma semelhante, a evolução da Netflix de um serviço de aluguel de DVDs para uma potência de streaming ressalta o impacto de objetivos claros e focados no cliente. Inicialmente, a Netflix enfrentou desafios com escalabilidade e disponibilidade de serviço. Para resolver esses problemas, eles estabeleceram metas ambiciosas para criar uma plataforma disponível 24/7 com streaming de alta qualidade. Ao migrar sua infraestrutura para a AWS, eles aproveitaram a escalabilidade e confiabilidade da nuvem, o que aumentou a satisfação e retenção dos usuários por meio de recomendações personalizadas. Essa mudança estratégica foi essencial para suportar milhões de usuários simultaneamente[3].

Equilibrar alinhamento e autonomia tem sido crucial para o sucesso da Netflix e do Spotify. Essa estratégia permitiu que crescessem de forma eficiente, permanecessem inovadores e mantivessem os funcionários engajados. Suas experiências demonstram que ter metas claras e bem definidas é essencial para a modernização de TI bem-sucedida.

---

[2]https://engineering.atspotify.com/2014/03/27/spotify-engineering-culture-part-1/
[3]https://www.infoq.com/articles/netflix-architects-cloud/

Ambas as empresas ilustram a importância de alinhar os avanços tecnológicos com os objetivos de negócios e as necessidades dos clientes. Ao definir metas específicas – como melhorar a disponibilidade do serviço, acelerar a entrega e aprimorar a personalização do cliente – eles conseguiram melhorar as operações e aumentar a satisfação do cliente. Esse alinhamento garante que os esforços tecnológicos se traduzam em resultados de negócios tangíveis.

O Aplicativo Escolhido

Avaliar os aplicativos dentro da empresa é crucial para melhorar o desempenho e otimizar as operações. Isso inclui um exame minucioso do valor de negócio, dos aspectos técnicos e das dependências de cada aplicativo para informar a tomada de decisões estratégicas.

Inicialmente, compile um inventário abrangente dos aplicativos atuais em uso, juntamente com uma lista distinta de aplicativos futuros em avaliação. Esta lista deve incluir informações como a função de cada aplicativo, os departamentos ou grupos específicos que os utilizam e quaisquer pré-requisitos ou conexões técnicas conhecidas. Um entendimento completo do ambiente atual de aplicativos ajuda a identificar áreas que mais poderiam se beneficiar da modernização.

Em seguida, conduza uma avaliação detalhada da configuração técnica e das dependências de cada aplicativo. Isso envolve avaliar a pilha tecnológica, as conexões com outros sistemas e quaisquer restrições que possam impactar as iniciativas de modernização. Compreender esses detalhes técnicos ajuda a identificar riscos e obstáculos potenciais, levando a uma melhor preparação e alocação de recursos. Além disso, permite a criação de um plano de modernização prático e alcançável, adaptado aos requisitos e limitações únicos da organização.

Essa avaliação precisa considerar a importância de cada aplicativo para as atividades diárias, sua contribuição para os objetivos de longo prazo e as potenciais consequências de interrupções ou falhas. Aplicativos críticos para as operações de negócios ou engajamento do cliente devem ser priorizados para atualizações que atendam às necessidades atuais e futuras.

Para começar, compile uma lista completa de todos os aplicativos usados na empresa e uma lista separada para novos aplicativos. Classifique esses aplicativos por sua importância para o negócio, considerando os fatores delineados no livro "Enterprise Architecture as Strategy[4]":

Importância Estratégica (Peso Total: 50%) Avalie de 1 a 5 todas as questões abaixo, sendo 1 o menos e 5 o mais significativo:

Alinhamento com as Metas de Negócio (Peso: 15%)

1. Como o aplicativo se alinha com as metas e prioridades estratégicas da empresa?
2. Ele apoia iniciativas ou objetivos estratégicos chave?

Contribuição para Vantagem Competitiva (Peso: 10%)

3. O aplicativo fornece capacidades que oferecem uma vantagem competitiva?

[4]Ross, J. W., Weill, P., & Robertson, D. C. (2006). *Enterprise Architecture as Strategy - Creating a Foundation for Business Execution.* Harvard Business Review Press

4. Quão significativo é seu papel em diferenciar a empresa dos concorrentes?

Posição de Mercado (Peso: 10%)

5. O aplicativo permite que a empresa responda efetivamente às demandas do mercado?
6. É um diferencial de mercado?

Impacto na Receita (Peso: 5%)

7. Qual é o impacto na receita ou economia de custos deste aplicativo?
8. Ele gera novas oportunidades de negócios ou aprimora as receitas existentes?

Mitigação de Risco Estratégico (Peso: 10%)

9. O aplicativo ajuda a mitigar riscos estratégicos?
10. Quão crucial é ele na gestão de riscos chave associados à estratégia de negócios?

Suporte a Processos de Negócio (Peso Total: 50%)

Processos de Negócio Principais (Peso: 15%)

11. Quais aplicativos ou serviços de negócios críticos o aplicativo suporta?
12. Quão crítico é o aplicativo para esses processos?

Eficiência e Produtividade (Peso: 10%)

13. O aplicativo melhora a eficiência e a produtividade dos processos de negócios?

14. Como ele simplifica operações ou reduz gargalos de processos?

Integração de Processos (Peso: 10%)

15. Quão bem o aplicativo se integra com outros processos e sistemas de negócios?
16. Ele facilita a automação de processos de ponta a ponta e o fluxo de dados?

Melhoria e Inovação de Processos (Peso: 10%)

17. O aplicativo suporta a melhoria contínua de processos e a inovação?
18. Como ele possibilita a adoção de melhores práticas e novas metodologias?

Suporte e Experiência do Usuário (Peso: 5%)

19. Quão eficazmente o aplicativo apoia os usuários envolvidos nos processos de negócios?
20. Qual é o feedback dos usuários em relação à usabilidade e impacto em seu trabalho?

Cálculo de Importância

- Pontuação de Importância Estratégica: (Soma das pontuações para as questões 1-10) / 10 * 50%
- Pontuação de Suporte ao Processo de Negócios: (Soma das pontuações para as questões 11-20) / 10 * 50%
- Pontuação Total de Importância: Pontuação de Importância Estratégica + Pontuação de Suporte ao Processo de Negócios

Além de entender os aplicativos, é crucial avaliar o esforço necessário para migração ou construção. Isso inclui conhecer as dependências, descontinuações tecnológicas, datas de fim de suporte, domínios, arquiteturas, dependências de dados, comunicações de serviço e aspectos de segurança:

Prontidão Técnica (Peso Total: 50%)

Tamanho do Aplicativo (Peso: 10%)

1. Quão simples é o aplicativo em termos de número de linhas de código, módulos e componentes?
2. Quão claras e simples são as funcionalidades ou características do aplicativo?

Lidando com Descontinuações Tecnológicas (Peso: 10%)

3. As tecnologias estão atualizadas para as versões, bibliotecas ou frameworks mais recentes em uso no aplicativo?
4. Quão bem definido está o plano/cronograma para atualizar ou substituir essas tecnologias obsoletas?

Padrões e Protocolos de Comunicação (Peso: 10%)

5. Quão modernos são os protocolos de comunicação (por exemplo, REST, gRPC, filas de mensagens) atualmente usados no aplicativo? (1 - Legado a 5 - Moderno)
6. Quão bem implementadas estão as comunicações assíncronas entre diferentes partes do aplicativo?

Domínios e Fronteiras (Peso: 10%)

7. Quão claramente definidos estão os domínios de negócio e fronteiras dentro do aplicativo?

8. Quão facilmente o aplicativo pode ser decomposto em serviços implantáveis independentemente com base nesses domínios?

Dependências de Dados (Peso: 10%)

9. Quão bem compreendidas são as dependências de dados atuais e os bancos de dados compartilhados usados pelo aplicativo?
10. Quão viável seria particionar o banco de dados ou implementar uma abordagem de banco de dados por serviço?

Suporte Operacional (Peso Total: 50%)

Consciência do Fim de Suporte (Peso: 10%)

11. Quão próximo está o fim de vida (EOL) das tecnologias e componentes usados no aplicativo? (1 - expirado, 5 - mais de 2 anos para expirar)
12. Com que frequência são realizadas revisões para identificar componentes próximos do EOL?

Métricas RTO e RPO (Peso: 10%)

13. Quão bem alinhados com o negócio estão o Objetivo de Tempo de Recuperação (RTO) e o Objetivo de Ponto de Recuperação (RPO) do aplicativo?
14. Essas métricas são suficientes para atender aos requisitos de continuidade de negócios em uma arquitetura de microserviços?

Questões de Segurança (Peso: 10%)

15. Quão robustas são as medidas de segurança atuais para autenticação, autorização e criptografia de dados?

16. Quantas vulnerabilidades ou problemas de segurança conhecidos precisam ser resolvidos antes da migração? (1 - Muitos, 5 - poucos)

Monitoramento e Log (Peso: 10%)

17. Quão eficazes são as ferramentas de monitoramento e log atuais em rastrear o desempenho e a saúde do aplicativo de ponta a ponta?
18. Quão abrangentes são as práticas de monitoramento e log atuais?

Compreensão da Arquitetura (Peso: 10%)

19. Quão bem documentada está a arquitetura atual do aplicativo?
20. Quão clara é a compreensão da arquitetura do aplicativo e das dependências entre as equipes de desenvolvimento e operações?

Cálculo da Simplicidade de Migração

- Pontuação de Prontidão Técnica: (Soma das pontuações para as questões 1-10) / 10 * 50%
- Pontuação de Suporte Operacional: (Soma das pontuações para as questões 11-20) / 10 * 50%
- Pontuação Total de Simplicidade: Pontuação de Prontidão Técnica + Pontuação de Suporte Operacional

Na Pontuação Técnica, a pontuação mais alta significa que o aplicativo é fácil de migrar ou criar como um aplicativo moderno, possui bom suporte de conhecimento e está bem implementado.

Após aplicar o método de pontuação para comparar todos os aplicativos, você pode usar um gráfico para identificar os melhores candidatos à migração para aplicativos modernos. Escolha um aplicativo da lista priorizada que ofereça o maior valor de negócio para modernização com a menor complexidade técnica. Essa abordagem garante implementação mais fácil e realização mais rápida dos benefícios[5].

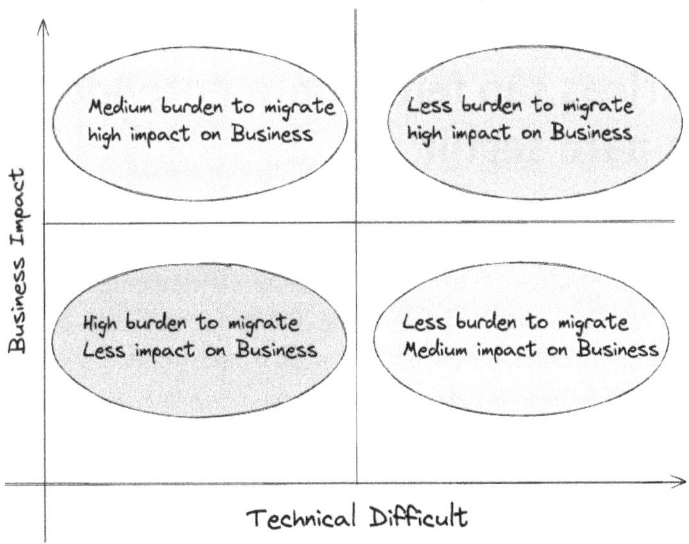

Escolha o aplicativo para quebrar

Nos capítulos 4 e 5, exploraremos os desafios e bloqueadores específicos relacionados ao aplicativo escolhido. Esses desafios podem incluir limitações técnicas, problemas de integração com sistemas

---

[5]Kim, G., Behr, K., Spafford, G., & Willis, J. (2016). *The DevOps Handbook: How to Create World-Class Agility, Reliability, & Security in Technology Organizations*. IT Revolution Press.

legados, restrições de recursos ou outros problemas. De acordo com "The DevOps Handbook" de Gene Kim, abordar a dívida técnica e os sistemas legados é crucial para a melhoria contínua nas operações de TI. Ao focar nessas áreas, podemos identificar e mitigar potenciais obstáculos, garantindo uma transição mais suave para aplicações modernas e uma infraestrutura de TI mais resiliente.

Métricas são feitas para entender, não para seguir

Ao migrar para aplicações modernas, é importante usar métricas para entender o processo, em vez de segui-las estritamente como regras fixas. Essa abordagem permite flexibilidade, melhoria contínua e uma melhor compreensão dos desafios e oportunidades específicos envolvidos.

As métricas devem fornecer insights sobre o contexto específico e as direções de negócios do seu aplicativo. Como os projetos de modernização podem variar, entender essas métricas permite adaptar melhor a abordagem para o caso de uso específico de sua organização. As métricas devem estar alinhadas com os objetivos estratégicos gerais, garantindo que os esforços de modernização apoiem o sucesso da organização. Esse alinhamento ajuda a priorizar as iniciativas mais valiosas.

Tenha em mente que, sendo a modernização um processo interminável, as métricas devem identificar áreas para melhoria contínua. Eu pessoalmente recomendo começar com apenas quatro métricas principais que reflitam as necessidades do negócio à primeira vista. Essa abordagem ajuda a manter o foco em como a nova abordagem de aplicação moderna se alinha com os objetivos de negócios. Embora não se diga que métricas adicionais não possam ser adicionadas posteriormente, concentrar-se em algumas inicialmente permite uma demonstração mais clara do progresso em direção aos objetivos de negócios.

Entender por que as tendências métricas ocorrem permite que as equipes façam melhorias graduais que conduzem ao sucesso a longo prazo. Simplesmente seguir métricas pode levar a correções temporárias em vez de abordar problemas fundamentais. Compreender adequadamente as métricas ajuda a identificar os verdadeiros problemas que afetam o desempenho, a confiabilidade ou a satisfação do usuário, permitindo soluções mais eficazes.

Métricas inflexíveis podem levar à rigidez do projeto, o que é particularmente problemático dado os curtos períodos de mudança tecnológica e de negócios típicos nas aplicações modernas. Usar quatro métricas principais introduz agilidade no processo de tomada de decisão da equipe, apoiando os objetivos em mudança, e após as equipes aumentarem sua maturidade, é possível incluir mais métricas.

Quando as métricas são devidamente entendidas, a equipe pode ser guiada por elas, levando a práticas mais saudáveis e uma melhoria sustentável possível. Cada organização tem requisitos e desafios únicos e entender métricas ajuda a descrever o ambiente específico, metas e limitações. Isso permite o design de indicadores de desempenho que são personalizados para as necessidades da organização.

Para monitorar o progresso e a eficiência dos processos de desenvolvimento, especialmente no contexto de aplicações modernas, várias métricas específicas de desenvolvimento são comumente usadas. Essas métricas podem ajudar as organizações a garantir que suas práticas de desenvolvimento estejam otimizadas e alinhadas com seus objetivos gerais. Particularmente no início da jornada de modernização, é crucial estabelecer métricas de base e compará-las periodicamente ao longo do tempo. Compartilhar essas métricas com todas as partes interessadas demonstra o valor e o impacto da estratégia de Aplicações Modernas.

Métricas de Desenvolvimento Chave para Projetos de Modernização

- **Tempo de Lead para Mudanças** Mede o tempo que leva desde a realização de uma mudança de código até ela ser executada com sucesso em produção. Indica quão rapidamente uma equipe pode transformar uma ideia em um produto ao vivo, refletindo a capacidade de resposta e eficiência.
- **Frequência de Implantação** Acompanha com que frequência as implantações ocorrem. Maior frequência sugere uma equipe mais ágil e responsiva, muitas vezes resultado de práticas eficazes de CI/CD.
- **Taxa de Falha de Mudança** Mede a porcentagem de mudanças que causam problemas, como falhas em aplicativos ou sistemas. Destaca a confiabilidade das mudanças e ajuda a identificar áreas que precisam de melhorias nos processos de teste ou revisão.
- **Tempo Médio para Recuperação (MTTR)** Indica o tempo médio que leva para consertar algo quando quebra. MTTR mais curto reflete um sistema robusto e processos de solução de problemas eficientes.
- **Mudança de Código** Mede a frequência de mudanças, adições ou exclusões no código.

- **Cobertura de Testes Automatizados** Mostra quanto do nosso código é verificado por testes de computador. Mais testes significam menos bugs e trabalho mais rápido.
- **Eficiência de Revisão de Código** Mede a velocidade e qualidade das revisões de código, incluindo quanto tempo as revisões demoram e a taxa de detecção de problemas.
- **Velocidade** Isso acompanha quanto trabalho uma equipe completa dentro de um período definido. Ajuda no planejamento e na avaliação da produtividade da equipe e melhorias ao longo do tempo.
- **Taxa de Bugs** Mede a frequência de bugs ou problemas relatados no software. Ajuda a avaliar a qualidade do código e a eficácia dos métodos de teste atuais.
- **Dívida Técnica** Mede o esforço adicional necessário quando soluções temporárias são usadas em vez das melhores práticas de longo prazo. Acompanhar a dívida técnica ajuda a gerenciar os custos de manutenção futuros e a confiabilidade do sistema.

O desenvolvimento ágil depende fortemente de métricas para garantir melhoria contínua e entrega eficiente de valor. Aqui estão as principais métricas de desenvolvimento ágil que as equipes devem seguir:

- **Gráfico de Burndown de Sprint** Mostra quanto trabalho resta em um sprint versus. Ajuda as equipes a acompanhar o progresso e fazer os ajustes necessários.
- **Epic e Burndown de Lançamento** Acompanha o progresso em direção à conclusão de tarefas maiores ou lançamentos. Oferece uma visão de nível mais alto do progresso do projeto.

- **Tempo de Lead** Mede o tempo total desde a iniciação da tarefa até a conclusão. Tempos de lead mais curtos indicam entrega mais rápida.
- **Tempo de Ciclo** Acompanha o tempo necessário para concluir uma tarefa após seu início. Ajuda a identificar atrasos no processo.
- **Trabalho em Progresso (WIP)** Conta o número de tarefas sendo trabalhadas simultaneamente. Limitar o WIP pode melhorar o foco e a velocidade.
- **Taxa de Transferência** Mede o número de tarefas concluídas em um determinado tempo. Indica a produtividade da equipe.
- **Diagrama de Fluxo Cumulativo (DFC)** Visualiza o progresso das tarefas através de diferentes estágios. Ajuda a identificar gargalos.
- **Densidade de Defeitos** Mede o número de defeitos por unidade de trabalho concluída. Reflete a qualidade do trabalho.
- **Defeitos Escapados** Conta defeitos encontrados pelos usuários após o lançamento. Acompanha a eficácia dos processos de teste.
- **Satisfação e Moral da Equipe** Mede a felicidade e motivação da equipe. Maior moral geralmente leva a um melhor desempenho.
- **Satisfação do Cliente (CSAT)** Mede a felicidade do cliente com o produto. Correlaciona-se diretamente com o sucesso do produto.
- **Tempo Bloqueado** Acompanha quanto tempo as tarefas ficam presas ou aguardando. Reduzir o tempo bloqueado melhora o fluxo de trabalho.

Embora as métricas sejam essenciais para guiar, construir e avaliar Aplicações Modernas, é mais importante entendê-las do que ser estritamente guiado por elas. Compreendendo as métricas, as organizações podem garantir que seus esforços de modernização sejam relevantes, estrategicamente alinhados e conducentes à melhoria contínua e inovação.

As métricas utilizadas variam dependendo da equipe e do propósito do sistema. Mesmo dentro da mesma empresa, equipes e produtos diferentes podem usar métricas distintas. Por exemplo, a equipe A trabalhando no Produto 1 pode focar em certas métricas, enquanto a equipe B trabalhando no Produto 5 pode priorizar outras. Essa variação ocorre porque cada equipe enfrenta diferentes desafios, prazos e situações de pessoal.

No entanto, ao iniciar um novo time ou implementar novas Aplicações Modernas, eu escolheria as seguintes métricas:

1. **Tempo de Lead para Mudanças**
2. **Taxa de Falha de Mudança**
3. **Frequência de Implantação**
4. **Tempo Médio para Recuperação (MTTR)**

E, de acordo com o Google State of DevOps[6], você pode ter mais uma chamada Disponibilidade, mas essas quatro permanecem as mesmas.

Depois de escolher seguir minha recomendação ou a sua própria, é muito importante medi-las antes de iniciar sua jornada de software moderno. No futuro, você pode precisar de pontos de dados para comparar antes, durante e após os lançamentos de suas aplicações modernas. Isso é fundamental para que você tenha informações consistentes e mostre aos stakeholders e chefes os reais benefícios das Aplicações Modernas em sua organização.

[6] https://cloud.google.com/devops/state-of-devops/

Capítulo 4 - Tantas Estratégias, Tão Pouco Tempo: Escolhendo Seu Sabor de Modernização

"Criatividade é apenas conectar coisas. Quando você pergunta a pessoas criativas como elas fizeram algo, elas se sentem um pouco culpadas porque realmente não fizeram, elas apenas viram algo. Parecia óbvio para elas depois de um tempo."– Steve Jobs

Pequena História 4: Quais opções eu tenho?

Nos últimos seis meses, a ACME.com formou duas novas equipes e contratou três pessoas. Brendon sente a pressão dos gerentes de LOB, tentando descobrir a melhor maneira de priorizar as aplicações da ACME.

Para entender melhor as coisas, Brendon trouxe meus dois líderes de tecnologia para debater suas diferentes visões.

Brendon entrou na sala de reuniões onde Sarah e Mark já estavam sentados. Eles estavam em conflito há dias, cada um defendendo sua própria maneira de lidar com os projetos de refatoração do sistema de Pagamentos e construção do novo Portal de Feedback do Cliente.

Brendon começou, tentando manter as coisas tranquilas:

- "Oi Sarah, Mark. Obrigado por estarem aqui. Então, agora que temos nossos projetos alinhados, refatorando nosso sistema de Pagamentos e criando o Portal de Feedback do Cliente, precisamos descobrir as melhores abordagens tecnológicas para acertá-los. Eu sei que vocês dois têm opiniões fortes sobre o assunto, gostaria de ouvi-las."

Sarah começou:

- "Bem, Brendon, para a refatoração dos Pagamentos acho que deveríamos seguir com uma arquitetura de microservices e implantá-la no Kubernetes. Isso nos permitirá dividir o grande aplicativo em partes menores e gerenciáveis, cada uma escalável e implantável por conta própria. O Kubernetes nos ajudará a lidar com cargas variáveis de forma eficiente."

- "Hmmm, entendo que Kubernetes é interessante — Mark interrompeu —, mas para o Portal de Feedback do Cliente acho que deveríamos ir com serverless. Usando AWS Lambda, podemos construir e implantar recursos rapidamente sem nos preocupar com a infraestrutura. Podemos entregar valor ao negócio de forma rápida e eficiente."

Brendon assentiu, absorvendo tudo.

- "Certo, pontos válidos de ambos os lados. Mas Sarah, por que você acha que microservices e Kubernetes são a melhor opção para a refatoração dos Pagamentos?"

- "O sistema de Pagamentos é lento em horários de pico. Ao dividir nosso sistema em partes menores chamadas microservices, podemos melhorar cada parte separadamente e o Kubernetes pode nos ajudar a gerenciá-las, garantindo que estejam sempre funcionando. Além disso, microservices facilitam a manutenção e melhoria do sistema."

Brendon se virou para Mark:

- "Por que serverless é o caminho a seguir para o novo aplicativo de negócios, Mark?"

- "Bem, o Portal de Feedback do Cliente é um projeto totalmente novo, então podemos usar tecnologia moderna e escalável desde o início. A computação serverless nos permitirá construir e implantar novos recursos rapidamente e com mínimo esforço. O AWS Lambda cuida da escalabilidade e infraestrutura, então podemos focar na entrega de valor ao negócio. Também é custo-efetivo, pois pagamos apenas pelo que usamos. E Serverless também significa Microservices..."

Vendo a paixão deles, Brendon disse:

- "Certo, entendi onde vocês querem chegar. Como não podemos ignorar nossos sistemas existentes, e não podemos perder a inovação, acho que precisamos de uma abordagem equilibrada. Como conseguimos isso?"

...

Bem, realmente espero que agora esteja claro que a ideia principal deste livro é conectar aplicações modernas a decisões de negócios. Quero compartilhar com vocês as melhores práticas para implementar aplicações modernas, não apenas do ponto de vista técnico, mas também considerando o contexto mais amplo das próprias aplicações modernas.

Neste capítulo, tentarei abordar algumas abordagens que uma empresa pode adotar com base em suas necessidades de negócios. Provavelmente não cobrirei todas as opções de negócios possíveis, já que ninguém conseguiria. Mas tentarei abordar os desafios mais comuns que arquitetos de soluções e empresas, gerentes intermediários e executivos precisam superar diariamente. Vou conectar esses desafios às decisões envolvidas na criação de aplicações modernas.

Metodologias de Modernização

Durante minha carreira, tenho implementado e projetado estratégias de DevOps, conduzido transformações digitais e implementado estratégias de nuvem. Isso me fez perceber que todas as empresas estão aplicando quase as mesmas abordagens para construir ou reconstruir suas aplicações, e todas estão migrando para microservices como seu caminho de Aplicações Modernas.

Não estou dizendo que monólitos são bons ou ruins, e sei que Microservices são a abordagem de aplicações mais moderna que temos atualmente. No entanto, aqui no ano de 2024, já estou começando a ouvir sobre algo novo, algo chamado Monólitos Modulares como uma Aplicação Moderna[1].

Outro termo importante é Nuvem, que ainda não mencionei. Aplicações Modernas agora estão relacionadas à Nuvem, mas

[1] https://x.com/kelseyhightower/status/1720886971726479570

no passado não estavam, e você ainda pode ter seus próprios microservices em seus data centers. A Nuvem é uma maneira de aumentar significativamente a velocidade de suas entregas, e agora é hora de falar sobre Nuvem, Microservices e Monólitos Modulares.

Tenho visto muitas empresas referirem-se à "migração para a nuvem" como um Caminho de Modernização. Elas não estão erradas, mas eu não chamaria isso de uma Aplicação Modernizada. De qualquer forma, quando se trata de modernizar aplicativos legados, as organizações têm muitas opções para escolher. Cada abordagem tem seus benefícios e desafios, e selecionar a correta depende das necessidades e objetivos do seu negócio. Aqui estão algumas das metodologias de modernização comuns que ouvi de algumas empresas:

1. **Reposicionamento** - Esta abordagem envolve a migração do aplicativo para uma nova plataforma ou infraestrutura sem mudanças significativas na arquitetura subjacente. É comumente usada quando o aplicativo requer melhorias de desempenho, escalabilidade ou segurança.
2. **Refatoração** - A refatoração envolve recriar o código do aplicativo para melhorar sua manutenibilidade, escalabilidade e desempenho dentro da mesma infraestrutura. Esta abordagem é ideal para aplicativos que ainda são funcionais, mas precisam de melhorias significativas em sua arquitetura.
3. **Reconstrução** - Substituir um aplicativo envolve desenvolver um novo sistema que atenda as necessidades atuais do negócio, frequentemente usando tecnologias e arquiteturas modernas. Esta abordagem é tipicamente usada quando o sistema legado não é mais viável ou quando são necessárias mudanças significativas.
4. **Híbrido** - Abordagens híbridas combinam elementos de reposicionamento, refatoração e substituição para alcançar os

resultados desejados. Esta abordagem é frequentemente usada quando a organização tem uma mistura de sistemas legados e modernos ou quando os requisitos são complexos.

Os quatro tópicos mencionados acima podem cobrir alguns passos iniciais para Migração para a Nuvem, mas apenas dois são relevantes para caminhos de Aplicações Modernas. Aqui, eu vou me aprofundar em estratégias mais detalhadas baseadas na pergunta: **Como refatorar/reconstruir ou criar uma nova aplicação para ser moderna usando Frameworks Ágeis para alcançar resultados de negócios?**

Vamos mergulhar em todas as abordagens comuns para Modernização de Aplicações/Aplicações Modernas, que eu ouvi e experimentei.

Nas próximas páginas, você encontrará exemplos claros de abordagens de aplicações modernas que pode seguir. Na Parte II deste livro, você descobrirá arquiteturas que se alinham com essas abordagens.

Quando comecei a trabalhar neste livro, meu objetivo era ajudar a explicar como gerentes, desenvolvedores e arquitetos podem entender decisões de negócios e como essas decisões afetam as escolhas técnicas, e vice-versa.

Os objetivos de negócios frequentemente têm um impacto direto em como as aplicações são projetadas e como o departamento de TI implementa estratégias. Em outras palavras, os objetivos de negócios específicos que você define podem levar a várias abordagens para alcançá-los. Como veremos nas próximas páginas, algumas empresas adotaram estratégias eficazes ao longo do caminho. Computação Serverless, contêineres ou Kubernetes, fluxos de trabalho e uma abordagem API-first são apenas algumas das tecnologias empregadas para atingir seus objetivos.

A Estratégia Serverless-First

A primeira vez que ouvi falar sobre a abordagem Serverless-First, eu estava trabalhando com AWS (ainda estou!), e a primeira empresa que vi usando foi a Capital One[2]. Em 2016, eles haviam movido seus ambientes de teste e desenvolvimento para a AWS, e em 2021, a Capital One fechou seu último data center, tornando-se o primeiro banco a adotar totalmente a nuvem pública e a única empresa Fortune 150, além da Netflix, a fazê-lo. Agora, com mais de 2.000 aplicativos na AWS, eles usam uma estratégia Serverless-First para inovar rapidamente e de forma consistente, muito parecido com uma empresa de tecnologia do Vale do Silício.

Ei, antes de mergulharmos, deixe-me explicar a ideia de uma estratégia "algo-primeiro". É bem simples, como arquiteturas e sistemas, serão projetados pensando primeiro em "algo". Se precisarmos adicionar ou mudar qualquer coisa depois, faremos isso somente após entendermos completamente que "algo" não é suficiente para construir a solução desejada.

Mas o que é Serverless-First afinal?

[2] https://www.capitalone.com/tech/cloud/serverless-first-strategy/

Esta abordagem envolve o deploy de aplicações diretamente para provedores de nuvem sem gerenciar servidores. É ideal para aplicações com cargas de trabalho variáveis ou imprevisíveis, pois elimina a necessidade de provisionar e gerenciar servidores.

Usando serverless, as empresas podem se concentrar na inovação e entrega de código em vez de gerenciar infraestrutura. Esta estratégia permite que as empresas respondam rapidamente a mudanças de mercado, melhorem a satisfação do usuário e mantenham uma vantagem competitiva.

A arquitetura serverless é particularmente benéfica para startups com recursos limitados, seja em termos de equipe ou fundos. Ao priorizar a tecnologia serverless, essas empresas podem aproveitar a expertise e os recursos dos provedores de nuvem, reduzindo a carga sobre suas pequenas equipes. Isso permite que desenvolvedores de startups se concentrem em aprimorar e construir seus produtos sem o estresse adicional de gerenciar servidores. O modelo de precificação pay-as-you-go também é financeiramente vantajoso para startups, pois alinha os custos com o uso, garantindo que elas paguem apenas pelos recursos que necessitam.

Empresas estabelecidas, por outro lado, precisam se adaptar a novas circunstâncias enquanto garantem inovação, escalabilidade e a capacidade de projetar e lançar novos produtos rapidamente. Adotar uma mentalidade Serverless-First é crucial para atender às demandas de mercado em evolução. Esta abordagem envolve a adoção de um BaaS (Backend as a Service) em nuvem, que permite que as empresas executem código sem gerenciar infraestrutura. Os benefícios do serverless incluem tempo reduzido para o mercado, melhores custos operacionais, maior escalabilidade e segurança aprimorada.

Mais uma vez, o modelo de precificação pay-as-you-go alinha os custos ao crescimento e uso do negócio. Ao transferir a gestão da infraestrutura para provedores de nuvem, os desenvolvedores podem se concentrar em escrever código que entregue o maior valor para o negócio, resultando em tempos de resposta mais curtos e maior adaptabilidade. Apesar da curva de aprendizado natural, equipes serverless podem se mover rapidamente, tornando a organização mais responsiva às mudanças do mercado.

Adotar uma abordagem serverless-first também requer mudanças significativas nos papéis das equipes e nas estruturas organizacionais. Equipes tradicionais de DevOps responsáveis pela gestão da infraestrutura devem evoluir para equipes de funcionalidades multifuncionais que abracem a entrega contínua e possam implantar atualizações várias vezes ao dia. Essa transformação demanda treinamento, suporte e disposição para redefinir papéis de trabalho e processos de entrevista. Organizações já focadas em transformação ágil podem se beneficiar do serverless ao capacitar desenvolvedores para entregar funcionalidades de forma autônoma e eficiente.

A arquitetura serverless é particularmente bem adaptada para lidar com solicitações inesperadas, tornando-se uma escolha ideal para aplicativos com demandas flutuantes. Com a computação serverless, as empresas podem ajustar automaticamente os recursos em resposta a aumentos ou diminuições súbitas no tráfego. Isso garante que os aplicativos permaneçam rápidos e eficientes, mesmo quando o uso varia significativamente, levando a uma maior satisfação do usuário.

Além disso, o serverless gerencia automaticamente a escalabilidade, eliminando o risco de ter muitos ou poucos recursos. Isso ajuda a economizar dinheiro e otimiza a utilização de recursos.

Ao permitir que os provedores de nuvem lidem com as complexidades da escalabilidade e gestão da infraestrutura, as empresas podem se concentrar em inovação e entrega de serviços de alta qualidade. O serverless garante que os aplicativos possam lidar com solicitações imprevisíveis de forma suave e eficiente.

A recomendação aqui é adotar uma estratégia Serverless-first para:

- **Testar novas ideias de negócios rapidamente** - O serverless permite que você experimente novas ideias rapidamente, sem a necessidade de uma configuração extensa de infraestrutura.
- **Lançar produtos online mais rapidamente** - Com serverless, você pode criar e lançar produtos rapidamente, pois ele lida automaticamente com a escalabilidade e gestão de recursos.
- **Iniciar uma nova equipe ou empresa facilmente** - O serverless elimina a necessidade de gerenciar servidores, permitindo que novas equipes ou startups se concentrem no crescimento e inovação.
- **Criar um novo produto com um orçamento pequeno** - O serverless cobra apenas pelo que você usa, tornando-o uma opção acessível para novos projetos.
- **Gerenciar cargas de trabalho imprevisíveis de forma suave** - O serverless ajusta automaticamente os recursos para lidar com o tráfego súbito, garantindo que seus aplicativos permaneçam confiáveis.
- **Focar em inovação e qualidade** - O serverless gerencia a infraestrutura, permitindo que as empresas se concentrem em entregar melhores serviços.
- **Reagir rapidamente às mudanças do mercado** - O serverless ajuda as empresas a se adaptarem rapidamente a novas

demandas, mantendo os clientes satisfeitos e mantendo a competitividade.

De acordo com relatórios da IDC[3], o uso de serviços serverless (na AWS) reduziu a carga de aplicação em 68%. Serverlesses para gerenciar, as equipes podem se concentrar nos negócios e no desenvolvimento de aplicativos como deveria ser. Como resultado, protótipos podem ser construídos 68% mais rapidamente do que os métodos tradicionais, permitindo que as empresas testem rapidamente novos produtos ou serviços no mercado.

Permita-me esclarecer o conceito de uma estratégia "algo-first". Isso significa que o foco principal para avaliar novas cargas de trabalho ou migrá-las é esse "algo". Não significa que tudo deve girar exclusivamente em torno desse "algo". Ao longo do caminho, outras estratégias podem ser incorporadas, ou o foco pode permanecer apenas nesse aspecto. Por exemplo, você pode ter uma estratégia Cloud-first, Serverless-first, Kubernetes-first ou outra estratégia específica-first.

A Estratégia Kubernetes-first

Uma estratégia Kubernetes-first pode ser um termo que você não ouviu antes e, de fato, a maioria das empresas não se declara explicitamente como Kubernetes-first. No entanto, enquanto o termo pode ser novo,

[3]https://d1.awsstatic.com/WWPS/pdf/Generating%20Value%20Through%20IT%20Agility%20and%20Businе

quase todas as empresas digitais – e até mesmo tradicionais – estão adotando o Kubernetes como a principal escolha de computação.

Ao adotar microservices e containerização, as organizações estão cada vez mais adotando o Kubernetes como sua plataforma principal para implantar, gerenciar e escalar aplicativos. De acordo com uma pesquisa de 2022 conduzida pela Cloud Native Computing Foundation[4], 96% dos participantes estão atualmente utilizando ou considerando o Kubernetes.

O Kubernetes facilita essa transição ao agrupar cada microserviço em um contêiner e implantá-lo, permitindo que as equipes criem, lancem e escalem serviços de forma independente. Seus recursos para descoberta de serviços, balanceamento de carga e escalabilidade automática simplificam significativamente a gestão de aplicativos baseados em microservices.

Uma das principais vantagens do Kubernetes é sua capacidade de otimizar o uso de recursos e melhorar a eficiência de custos. Ele orquestra e ajusta automaticamente os contêineres com base na demanda, levando a economias substanciais de custos, especialmente em ambientes de nuvem. Um estudo realizado pela Rancher[5] descobriu que empresas que implementaram o Kubernetes alcançaram uma economia média de custos de 23% em comparação com métodos de virtualização tradicionais.

O Kubernetes também melhora a portabilidade de aplicativos ao fornecer maneiras de implantar em vários ambientes. Ele reduz a carga operacional de empacotamento, implantação e gestão de aplicativos em comparação com sistemas monolíticos em execução no local. Essa

[4] https://www.cncf.io/reports/cloud-native-survey-2022/
[5] https://rancher.com/blog/2020/kubernetes-cost-savings

flexibilidade facilita a movimentação de cargas de trabalho entre data centers locais, nuvens públicas e ambientes híbridos. Para empresas que utilizam uma abordagem de multi-cloud ou nuvem híbrida, isso é particularmente benéfico, pois reduz a dependência de um único fornecedor e oferece grande flexibilidade.

No entanto, implementar Kubernetes pode apresentar dificuldades. Criar e manter um cluster de Kubernetes pode ser desafiador, especialmente para indivíduos que não têm experiência em containerização e tecnologias nativas da nuvem. Aprender Kubernetes pode ser desafiador, então as equipes precisam investir em treinamento e aprimoramento de habilidades.

Segurança e conformidade também são preocupações devido à natureza em evolução das aplicações em contêiner e ao gerenciamento de múltiplos clusters. As organizações devem adotar fortes medidas de segurança, como políticas de rede, controle de acesso baseado em função (RBAC) e gerenciamento seguro de imagens de contêiner, para garantir a segurança e conformidade das implantações de Kubernetes.

A recomendação aqui é usar uma estratégia centrada em Kubernetes para:

- **Lidar com cargas de trabalho de solicitações previsíveis e lineares** - Enquanto o Kubernetes se destaca em gerenciar cargas de trabalho de solicitações previsíveis e lineares ao escalar aplicações de forma eficiente com base na demanda, soluções serverless como o AWS Lambda são frequentemente mais adequadas para cargas de trabalho imprevisíveis. O Lambda, aproveitando a escalabilidade inerente da nuvem, pode escalar mais rapidamente e de forma mais contínua em resposta a picos súbitos de demanda. Embora o Kubernetes ofereça recursos robustos de auto-escalonamento, a arquitetura serverless lida com a escalabilidade com maior agilidade para padrões de tráfego imprevisíveis. Portanto, uma estratégia centrada em Kubernetes é ideal para cargas de trabalho previsíveis, proporcionando desempenho consistente e eficiência de custos, enquanto soluções serverless são preferíveis para solicitações de cargas de trabalho imprevisíveis devido à sua superior escalabilidade e capacidade de resposta.

- **Focar na inovação e qualidade** - O Kubernetes permite que as equipes de desenvolvimento priorizem a criação de aplicações de alta qualidade e o lançamento de novas funcionalidades ao automatizar o gerenciamento da infraestrutura e a implantação de aplicações.
- **Reagir rapidamente às mudanças do mercado** - Utilizando a estrutura modular do Kubernetes e incorporando atualizações contínuas e implantações canárias, as empresas podem se adaptar rapidamente às necessidades do mercado em evolução ao implementar prontamente novos recursos ou atualizações em suas aplicações.
- **Habilitar estratégias híbridas e multi-cloud** - Optar por uma abordagem híbrida ou multi-cloud para aproveitar vários provedores de nuvem e infraestrutura local pode se beneficiar muito da portabilidade do Kubernetes e das capacidades de gerenciamento consistente em diferentes ambientes.

O Kubernetes pode desempenhar um papel crucial para organizações que constroem aplicações avançadas e escaláveis utilizando um design de microsserviços. Ao empacotar microsserviços como contêineres e implantá-los no Kubernetes, as equipes podem desenvolver, implantar e escalar cada serviço de forma independente, resultando em iteração mais rápida, manutenção mais simples, maior flexibilidade, tempo de comercialização mais rápido e maior adaptabilidade às necessidades de negócios em evolução.

No entanto, as empresas devem considerar os desafios associados à implantação e gerenciamento do Kubernetes em larga escala. Estabelecer e operar clusters de Kubernetes requer expertise especializada e entendimento, o que pode necessitar de investimento em treinamento e aprimoramento das competências da equipe. É importante pesar os benefícios de uma abordagem centrada em Kubernetes contra os recursos e expertise necessários para lidar com sua complexidade de forma eficaz.

Ter uma equipe qualificada em práticas de DevOps e CI/CD é essencial para a execução bem-sucedida dessa abordagem. Esses profissionais desempenham um papel fundamental na automação dos processos de desenvolvimento, teste e implantação, garantindo o lançamento rápido e confiável de novos recursos e atualizações. Além disso, adotar uma estratégia de Infraestrutura como Código (IAC) é a melhor maneira de manter a consistência e gerenciar efetivamente as mudanças na infraestrutura. Utilizar essas habilidades e metodologias permitirá que a equipe maximize o potencial do Kubernetes, levando a lançamentos de produtos mais rápidos, aumento da inovação e manutenção de altos padrões.

A Estratégia Workflow-First

Nos últimos um ou dois anos, notei que empresas nativas digitais estão adotando cada vez mais uma Estratégia Workflow-First para criar suas aplicações. Essa abordagem faz muito sentido porque, com microsserviços, há uma necessidade de intercomunicação e um fluxo claro a seguir em cada sistema. Ao focar nos fluxos de trabalho desde o início, essas empresas podem gerenciar e coordenar melhor as interações entre vários microsserviços, garantindo uma operação mais suave e eficiente.

Essa estratégia permite que as organizações traduzam sua lógica e processos de negócios em código, acompanhados por um painel visual para monitorar sua funcionalidade. Serviços como AWS Step Functions e Node-RED são comumente usados para esse propósito. Ao integrar essas ferramentas com Kubernetes, as empresas podem alcançar maior flexibilidade, rapidez e clareza em suas operações.

AWS Step Functions[6] é um serviço totalmente gerenciado projetado para ajudar os desenvolvedores a criar fluxos de trabalho e coordenar componentes de aplicações distribuídas e microsserviços usando painéis visuais. O Step Functions facilita a criação e orquestração de fluxos de trabalho voltados para automatizar processos de negócios, gerenciar fluxos de dados e integrar com outros serviços AWS.

O Step Functions foi lançado ao público em dezembro de 2016, oferecendo coordenação de fluxos de trabalho baseada em máquinas de estado como um serviço. Ele implementa primitivas básicas, incluindo tentativas, ramificações e tempos limite, e pode delegar tarefas ao seu código para efeitos colaterais mais complexos, como escrever em um banco de dados ou chamar um serviço interno. Essas tarefas são conhecidas como "tarefas de atividade" quando executadas a partir de seus próprios servidores, instâncias ou contêineres. O Step

[6]https://aws.amazon.com/step-functions/

Functions também pode despachar tarefas para funções AWS Lambda.

Muitas empresas estão adotando o Workflow-First como uma das Estratégias Modernas para chamar API's de sistemas legados ou API's de banco de dados legados para criar novas aplicações mais rapidamente, porque o Step Functions pode chamar todos os tipos de API's e receber eventos de sistemas muito diferentes para criar uma nova lógica de negócios rapidamente em questão de semanas ou até mesmo dias.

Com o Step Functions, os desenvolvedores podem criar e executar aplicações confiáveis e escaláveis sem gerenciar a infraestrutura. Este serviço Serverless ajuda a criar e gerenciar fluxos de trabalho que conectam múltiplos serviços AWS ou código personalizado. Ele fornece uma maneira visual dos fluxos de trabalho, simplificando a compreensão e controle de processos complexos. O AWS Step Functions é adequado para atividades como processamento de pedidos, processamento de dados e gerenciamento de fluxos de trabalho de aprendizado de máquina. Os principais benefícios incluem:

- **Design Visual de Workflow-First** - Oferece uma interface visual para projetar e gerenciar fluxos de trabalho, tornando mais fácil entender e colaborar em processos complexos.
- **Arquitetura Serverless** - Como um serviço totalmente gerenciado, elimina a necessidade de gerenciar infraestrutura.
- **Execução Confiável** - Garante que os fluxos de trabalho sejam executados de forma confiável, mesmo diante de falhas ou tentativas de repetição.
- **Integração com Serviços AWS** - Conecta-se de forma perfeita com outros serviços AWS, como Lambda, ECS e SQS, permitindo

a criação de fluxos de trabalho em múltiplos serviços.

De acordo com a AWS, o Step Functions pode ser aplicado em várias indústrias, incluindo serviços financeiros, saúde, IoT. Um estudo da Gartner[7] descobriu que organizações que usam tecnologias Serverless como o AWS Step Functions podem reduzir custos operacionais em até 40%.

Por exemplo, uma empresa pode usar o AWS Step Functions para gerenciar um fluxo de trabalho de processamento de pedidos de e-commerce. Este fluxo de trabalho pode incluir etapas como validar o pedido, processar pagamento, atualizar inventário e enviar um e-mail de confirmação. Cada etapa no fluxo de trabalho pode acionar funções AWS Lambda ou outros serviços AWS, proporcionando uma solução escalável e resiliente.

O AWS Step Functions é projetado para ser confiável e lidar com erros de maneira eficaz. Os fluxos de trabalho criados com o Step Functions são inerentemente robustos e podem gerenciar erros, repetir etapas e manter o estado. Se alguma etapa falhar, o Step Functions pode automaticamente tentar novamente essa etapa ou mover-se para um caminho diferente no fluxo de trabalho para resolver o erro. Isso reduz a necessidade de código personalizado para lidar com erros e garante que os fluxos de trabalho possam se recuperar suavemente de problemas temporários, levando a aplicações mais robustas e tolerantes a falhas.

---

[7] https://www.gartner.com/en/documents/3975057/the-impact-of-serverless-computing-on--application-costs

Node-RED[8], é uma ferramenta de baixo código, de código aberto, usada para conectar dispositivos de hardware, APIs e serviços online. Oferece um editor de fluxos que pode ser acessado via um navegador web, tornando mais fácil criar fluxos com vários nós. Enquanto o Node-RED é comumente usado na indústria da Internet das Coisas (IoT), também é bem adequado para tarefas como processamento de dados, automação e integração. Algumas das principais vantagens são:

- **Ambiente de Baixo Código** - A interface visual do Node-RED permite que tanto desenvolvedores quanto não-desenvolvedores criem e implantem fluxos de trabalho rapidamente.
- **Ecossistema de Nós Extensível** - Possui uma grande coleção de nós contribuídos pela comunidade, permitindo a integração com uma ampla gama de serviços e dispositivos.

** Opções de Escalabilidade e Implantação** - O Node-RED pode ser implantado em várias plataformas, incluindo Kubernetes, para escalabilidade e flexibilidade.

- **Integração com Kubernetes** - Combinar Node-RED com Kubernetes oferece várias vantagens. Kubernetes é uma plataforma de código aberto que automatiza a implantação, escalonamento e gerenciamento de aplicações em contêiner.

Como mencionei antes, Kubernetes é uma ferramenta que ajuda organizações a crescer e gerenciar seus sistemas de forma eficiente. Ele escala automaticamente os fluxos de trabalho para cima ou para baixo com base na demanda e garante uma operação suave ao resolver rapidamente problemas. Também simplifica o processo de atualização e implantação consistente de novas versões de fluxos de trabalho.

---

[8] https://nodered.org/docs/

Tanto Kubernetes quanto arquiteturas Serverless alinham-se bem com a abordagem "Workflow-First", que foca em fluxos de trabalho como os blocos de construção centrais. Esta abordagem permite a implantação e atualização rápida e confiável de fluxos de trabalho.

De acordo com uma pesquisa da Eclipse Foundation[9], o Node-RED é um dos projetos de IoT de código aberto mais populares, com mais de 1 milhão de downloads e uma comunidade de desenvolvedores em crescimento.

###O Caso do Yelp**

Um exemplo de implementação do Step Functions é no processo de faturamento de assinaturas em uma empresa chamada Yelp[10]. A Engenharia do Yelp tem trabalhado para decompor sua base de código monolítica, focando em seu ciclo mensal de faturamento de assinaturas, que é crucial para a receita. A complexidade e o risco desta transição foram mitigados usando o AWS Step Functions.

Um único fluxo de trabalho lidou com o faturamento de assinaturas para uma conta individual, com a habilidade de acionar múltiplos fluxos de trabalho simultaneamente para manter o desempenho de ponta a ponta do sistema legado.

O processo de faturamento de assinaturas envolvia faturar contas, emissão de faturas e cobranças, com cada etapa processando todas as contas sequencialmente. A escala e as interdependências do pipeline criaram gargalos de desempenho e riscos. Mas... A transição

[9] https://projects.eclipse.org/projects/iot.node-red/surveys/2021-node-red-user-survey

[10] https://engineeringblog.yelp.com/2017/11/breaking-down-the-monolith-with-aws-step-functions.html

desse código para serviços foi dificultada pela falta de APIs claras, dependências de dados enraizadas e garantias ACID rigorosas.

O foco inicial foi na etapa de faturamento do processo de assinatura, dividindo-o em fluxos de trabalho de contas individuais para aproveitar a execução paralela. O Yelp desenvolveu uma API para faturamento de contas individuais, simplificando a transição para uma interface semelhante a um serviço. Eles usaram o Step Functions para gerenciar transições de estado, tratamento de erros e observabilidade.

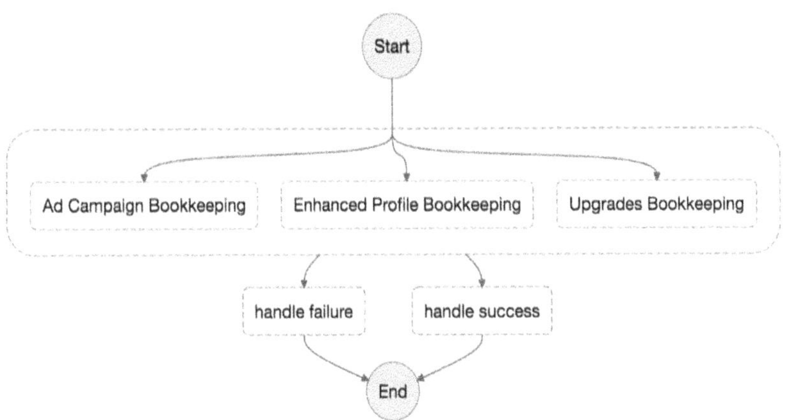

Fluxo de trabalho de contabilidade paralela do Yelp

O novo sistema do Yelp melhorou o desempenho e a confiabilidade, evitando problemas de bloqueio devido a falhas em uma única conta. Melhorias na observabilidade permitiram um melhor monitoramento e o tratamento de erros, e ganhos de desempenho foram alcançados através da paralelização das tarefas de cobrança.

Para resumir, o AWS Step Functions fornece coordenação de fluxo de trabalho baseado em máquinas de estados, permitindo tarefas flexíveis e de longa duração com retentativas embutidas, ramificações e timeouts. Este framework permitiu ao Yelp executar tarefas de atividade paralela significativas, coordenando-se entre diferentes serviços. Eles implementaram retentativas e timeouts para lidar com problemas transitórios e escalaram significativamente as execuções, suportando até um milhão de tarefas simultâneas!

Ao utilizar o AWS Step Functions, o Yelp transformou com sucesso um gargalo monolítico em um sistema escalável e resiliente, melhorando tanto o desempenho quanto a confiabilidade em suas operações críticas de cobrança. A transição para a execução paralela, juntamente com o monitoramento aprimorado e a gestão de erros, estabeleceu uma base para melhorias contínuas à medida que mais serviços são transferidos para este modelo.

Este caso de uso destaca o poder do AWS Step Functions em gerenciar fluxos de trabalho complexos em escala, permitindo um uso mais eficiente dos recursos e operações simplificadas em diversos serviços.

Para saber mais sobre Serverless e AWS Step Functions, adquira o livro Serverless Architectures on AWS, Second Edition, de Peter Sbarski e Yan Cui[11].

[11]Sbarski, P., & Cui, Y. (2022). *Serverless Architectures on AWS, Second Edition.* Manning Publications.

A Estratégia API-First

Vamos começar esta seção dizendo que a estratégia API (Interfaces de Programação de Aplicações)-First não é nova, e muitos autores discutiram como Jeff Bezos introduziu essa estratégia na Amazon.com e AWS. No entanto, vale a pena revisitar, pois, em minha experiência, muitos CTOs não estão familiarizados com o conceito ou não reconhecem seu valor.

Esta estratégia envolve o design e desenvolvimento de APIs como a interface principal para comunicação com outros sistemas internos e externos. Outra definição que encontrei é "Pense, desenvolva e construa as APIs primeiro, e o resto do sistema seguirá as especificações." Embora esta seja uma boa definição, o princípio central permanece: todas as comunicações devem fluir através das APIs.

Para implementar com sucesso o API-First, as empresas devem começar criando designs claros e uma documentação minuciosa. Isso envolve definir endpoints de API, aderir a protocolos padrão e fornecer documentação abrangente. A segurança também é crucial, exigindo o uso de métodos robustos de autenticação e autorização.

Além disso, as empresas devem utilizar ferramentas automatizadas, como testes automatizados, integração contínua e monitoramento para manter a qualidade. É igualmente importante fornecer aos desenvolvedores amplo suporte e recursos, além de colaborar com a comunidade de desenvolvedores para fomentar o crescimento e a inovação.

Esta estratégia oferece muitos benefícios, incluindo escalabilidade, facilidade de integração e ciclos de desenvolvimento mais rápidos. Embora muitas empresas estejam focando em APIs, é importante gerenciar aspectos de confiabilidade, segurança e conformidade. Ao priorizar o design de APIs, investir em infraestrutura e apoiar desenvolvedores, as empresas podem efetivamente usar uma estratégia API-First para impulsionar o crescimento e melhorar a eficiência.

Em 2002, Jeff Bezos emitiu uma diretiva chave conhecida como o Mandato de API de Bezos, que moldou fundamentalmente como a Amazon desenvolve APIs. Ele enfatizou a necessidade de compartilhar dados e funções através de interfaces de serviço, permitindo fácil interação e integração com outros sistemas. A diretiva também incentivou o trabalho em equipe exigindo que as equipes se comunicassem exclusivamente através dessas interfaces, em vez de links diretos ou memória compartilhada.

O Mandato de API de Bezos incluiu sete regras principais:

1. **Expor Dados e Funções** - Todas as equipes devem compartilhar seus dados e funções através de interfaces de serviço.
2. **Comunicação por Interface** - As equipes devem se comunicar apenas através dessas interfaces.
3. **Sem Comunicação Direta** - Nenhuma outra forma de comunicação é permitida.
4. **Independência Tecnológica** - A tecnologia utilizada não importa.
5. **Externalização** - As interfaces de serviço devem ser projetadas para desenvolvedores externos.
6. **Sem Exceções** - Quem não seguir essas regras será demitido.
7. **Conclusão** - Um encerramento educado para enfatizar a importância.

Como você pode imaginar, tais regras revolucionaram as operações e parcerias da Amazon, levando à criação da AWS (Amazon Web Services) e a funções de negócios aprimoradas.

Bezos então reformulou a abordagem da Amazon para o desenvolvimento de APIs e ofereceu lições valiosas para organizações que adotam uma estratégia API-First. Essas diretrizes cobrem diferentes elementos da gestão de APIs, garantindo que as APIs sejam robustas, seguras e eficientes. Aqui estão os principais pontos da diretiva:

1. **Suporte** - Todas as equipes devem garantir que suas APIs recebam suporte e manutenção adequados, fornecendo os recursos necessários para solução de problemas e melhorias.
2. **Segurança** A segurança é primordial e deve ser uma prioridade máxima. Devem considerar ameaças potenciais como ataques de Denial of Service (DOS) e implementar medidas de segurança fortes para proteger contra esses riscos, garantindo que as APIs sejam confiáveis e seguras.
3. **Monitoramento e Garantia de Qualidade** - Ferramentas eficazes para monitoramento e garantia de qualidade (QA) são essenciais. Elas ajudam a rastrear o desempenho das APIs, identificar problemas cedo e manter altos padrões de qualidade para todos os serviços.
4. **Descoberta** - Entender quais APIs estão disponíveis e onde encontrá-las é crucial para uma descoberta eficiente de serviços. Isso requer manter um catálogo bem organizado e facilmente acessível de APIs, facilitando para os desenvolvedores encontrar e usar as interfaces necessárias.
5. **Teste** - Teste em sandbox e depuração são críticos para todas as APIs. O sandboxing permite que os desenvolvedores testem suas

APIs em ambientes controlados para garantir o funcionamento adequado antes do lançamento. Ferramentas de depuração são vitais para identificar e resolver problemas durante o desenvolvimento e pós-implantação.

Ao focar nesses aspectos, as empresas podem desenvolver APIs que não são apenas funcionais e seguras, mas também aumentam a confiabilidade de seus sistemas. As APIs atuam como a porta de entrada para receber solicitações externas, ajudando a prevenir problemas de limitação que podem levar a falhas no sistema. Embora você possa controlar seu próprio sistema, nunca sabe como os outros vão chamar o seu.

Implementar estratégias de limitação de taxa e monitoramento nas APIs pode melhorar ainda mais a estabilidade e o desempenho do sistema. Ao definir restrições de uso específicas e monitorar de perto o tráfego da API, as empresas podem identificar e resolver proativamente possíveis abusos ou picos de demanda. Essa abordagem proativa garante que o sistema permaneça responsivo e capaz de gerenciar cargas variadas sem comprometer a qualidade do serviço. Além disso, fornecer documentação abrangente e suporte aos usuários de API pode simplificar a integração e o uso, reduzindo erros e aprimorando a experiência geral do desenvolvedor.

Esses benefícios tornam a abordagem API-first, adotada por empresas como Twilio, Stripe e Netflix, essencial para se manter competitivo. Ao priorizar a confiabilidade, aderência a padrões e eficiência, essas empresas demonstram as diversas aplicações e desafios do gerenciamento de APIs. Vamos explorar como Twilio, Stripe e Netflix enfrentam esses desafios para oferecer serviços excepcionais aos seus clientes.

API nos Três Grandes Para aqueles que não estão familiarizados, Twilio é uma empresa americana de comunicações em nuvem com sede em San Francisco, Califórnia, que fornece ferramentas de comunicação programáveis para fazer e receber chamadas telefônicas, enviar e receber mensagens de texto e realizar outras funções de comunicação usando suas APIs de serviço web.

Um grande obstáculo é manter a confiabilidade e escalabilidade dessas APIs para lidar com grandes volumes de comunicação em tempo real. Assim, a Twilio dedica recursos significativos para garantir operações sem interrupções. As vantagens incluem atualizações rápidas de recursos e fácil integração para desenvolvedores. No entanto, o sucesso da Twilio depende fortemente do tempo de atividade de sua API, e quaisquer interrupções podem impactar os clientes. Para gerenciar isso, a Twilio fornece documentação extensa, segurança robusta e monitoramento contínuo.

Stripe – a maior empresa privada de fintech com uma avaliação de cerca de US$ 65 bilhões e mais de US$ 1 trilhão em volume de pagamentos processados em 2023 – usa suas APIs para gerenciar processamento de pagamentos, faturamento e prevenção de fraudes. Um dos maiores desafios que a Stripe enfrenta é navegar e cumprir regulamentações em diferentes países. Eles têm equipes jurídicas dedicadas a garantir a conformidade com as leis e regulamentações locais. Embora a abordagem API-First permita agilidade e rápida adaptação ao mercado, também requer um investimento significativo para manter a segurança e atender aos padrões regulatórios. A Stripe enfatiza o design conciso de API, ferramentas abrangentes para desenvolvedores e medidas de segurança robustas para gerenciar esses desafios de maneira eficiente.

Nossa conhecida Netflix (dispensa apresentação) depende de APIs para entregar conteúdo em uma ampla gama de dispositivos. Um desafio chave para esse gigante é garantir uma experiência de usuário consistente em diferentes dispositivos e redes. Para abordar a questão, eles otimizam suas APIs para desempenho e escalabilidade, usando tecnologias de streaming adaptativo. Os benefícios incluem lançamentos rápidos de recursos e experiências de usuário consistentes, embora quaisquer problemas possam impactar todas as plataformas. A Netflix prioriza a confiabilidade das APIs, uma infraestrutura forte e testes automatizados para manter um serviço contínuo.

Você viu como a estratégia API-First, que começou com o Mandato API de Bezos na AWS, provou seu valor entre vários gigantes da tecnologia? Ao focar em confiabilidade, conformidade e desempenho, essas empresas construíram sistemas escaláveis e integráveis que atendem às demandas em evolução de seus usuários. À medida que mais organizações adotam essa estratégia, as lições aprendidas com pioneiros como a Amazon e essas empresas líderes de tecnologia continuarão a moldar o futuro do desenvolvimento de API, impulsionando a inovação e a eficiência na indústria tecnológica.

Então, qual abordagem devo adotar?

No desenvolvimento de software moderno, existem várias escolhas arquitetônicas, cada uma com suas próprias compensações. Selecionar a arquitetura apropriada envolve considerar aspectos como escalabilidade, custos, tempo de lançamento e a natureza das tarefas. Entre as estratégias comumente discutidas estão serverless e

Kubernetes, mas posso dizer que depender exclusivamente de uma pode não ser a melhor abordagem. Uma combinação de ambas pode fornecer uma solução bem equilibrada e é essencial para otimizar aplicações modernas.

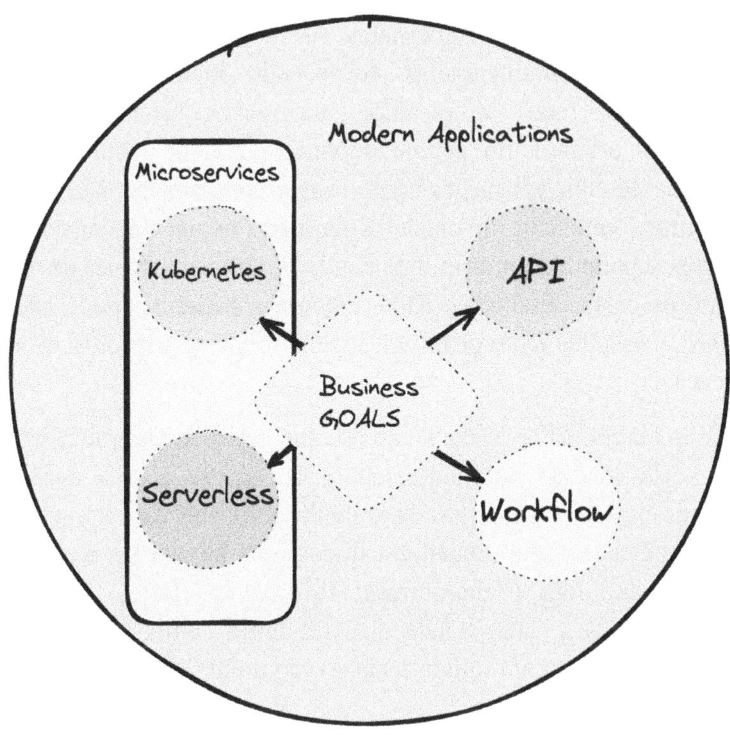

Modelo de Aplicação Moderna

Arquiteturas serverless, como AWS Lambda, oferecem

vantagens significativas, particularmente para lidar com solicitações imprevisíveis. Elas ajustam automaticamente seu tamanho com base na demanda, garantindo que você seja cobrado apenas pelo que usa. A relação custo-benefício é atraente para tarefas com padrões de tráfego flutuantes.

Por outro lado, o Kubernetes se destaca no gerenciamento de aplicações containerizadas, fornecendo suporte robusto para aplicações que requerem escalabilidade mais consistente e direta. Kubernetes permite um gerenciamento preciso de recursos e lida efetivamente com aplicações complexas e com estado. No entanto, configurar e gerenciar um cluster Kubernetes requer um considerável expertise e pode consumir muitos recursos, tanto em termos de tempo quanto de custo. Embora o Kubernetes seja poderoso, pode não ser sempre a escolha mais econômica para todos os aspectos de uma aplicação.

A escalabilidade é essencial ao escolher entre as duas abordagens. O serverless escala automaticamente de acordo com a demanda, tornando-o ideal para cargas de trabalho variáveis ou imprevisíveis. O Kubernetes também suporta escalonamento horizontal, mas requer regras predefinidas e monitoramento mais intensivo. Entender os requisitos de escalabilidade dos diferentes componentes da sua aplicação é crucial para tomar decisões arquitetônicas informadas.

Além disso, o custo é outra consideração importante. Projetos serverless podem ser altamente econômicos para aplicações com uso irregular, já que você é cobrado apenas pelo tempo de computação que realmente usa. No entanto, para aplicações com demanda consistente e alta, o Kubernetes pode oferecer custos mais confiáveis e potencialmente reduzidos ao permitir a reserva e otimização do uso de recursos ao longo do tempo. Pelo que observei, gerenciar esses custos requer avaliar como sua aplicação é usada e alinhá-la ao método de implantação que oferece a maior economia. Essa análise é essencial para maximizar tanto o desempenho quanto a eficiência do orçamento.

Utilizar uma combinação de serverless e Kubernetes pode muitas vezes proporcionar os benefícios de ambos. Por exemplo, partes do sistema que enfrentam tráfego imprevisível, como portais de API ou pontos de ingestão de dados, podem ser implementadas com funções serverless. Enquanto isso, o Kubernetes pode ser empregado para componentes com cargas de trabalho estáveis, como tarefas de fundo ou microsserviços. Esta abordagem híbrida permite um uso eficiente de recursos e controle de custos eficaz. Recomendo fortemente esta estratégia para aproveitar as forças de ambos os paradigmas.

Implementar um design orientado a eventos pode melhorar ainda mais a flexibilidade e escalabilidade de um sistema integrado. Ao desacoplar componentes e usar eventos para acionar processos, diferentes partes do sistema podem escalar independentemente e responder mais efetivamente às flutuações de demanda. Esta abordagem também melhora a tolerância a falhas e simplifica a integração de novos serviços ou funcionalidades. Na minha visão, designs orientados a eventos são essenciais para construir sistemas robustos e adaptáveis. Utilizar ferramentas como AWS Step Functions pode refinar ainda mais a coordenação de processos orientados a eventos, incorporando estratégias de fluxo de trabalho, que aumentam a eficiência e facilitam o gerenciamento.

Certos requisitos de negócios exigem abordagens de fluxo de trabalho, utilizando ferramentas como AWS Step Functions ou

Node-Red. Estas ferramentas facilitam a criação de fluxos de trabalho de lógica de negócios e técnica complexos, conectando vários processos para lidar com transações ou eventos. Ao definir visualmente fluxos de trabalho, as empresas podem rapidamente projetar, testar e implantar processos automatizados que se integram perfeitamente com ambientes Kubernetes e serverless como o AWS Lambda. Esta metodologia de fluxo de trabalho acelera o ciclo de desenvolvimento, garantindo que a lógica de negócios permaneça flexível e robusta, capaz de gerenciar tarefas e dependências complexas de forma eficiente.

Por exemplo, um sistema de processamento de transações financeiras pode usar AWS Step Functions para orquestrar tarefas como detecção de fraude, verificações de conformidade e processamento de pagamentos. Essas tarefas podem rodar no Kubernetes para serviços persistentes e com estado, enquanto alavancam tempos de execução serverless para processamento escalável e sob demanda. Esta abordagem garante que os fluxos de trabalho sejam geridos de forma eficiente, permitindo respostas rápidas a eventos de negócios e demandas operacionais, aumentando a agilidade e capacidade de resposta do sistema.

Garantir que essas decisões arquitetônicas estejam bem equilibradas também impacta a velocidade de lançamento do produto. Arquiteturas serverless podem levar a implantações iniciais mais rápidas devido à sua simplicidade e natureza amigável ao usuário. O Kubernetes, embora potencialmente mais complexo, oferece uma base sólida para crescimento futuro e confiabilidade. Empregar uma combinação de ambos os métodos pode facilitar o progresso rápido enquanto garante a capacidade do sistema de escalar e se adaptar ao longo do tempo. Alcançar esse equilíbrio é fundamental para obter flexibilidade imediata e estabilidade a longo prazo.

Analisar cuidadosamente cada componente do seu sistema é crucial ao decidir onde implantar cada parte. Considere o tipo de tarefas, padrões de tráfego esperados e a criticidade da função. Por exemplo, um serviço de autenticação de usuários poderia se beneficiar da rápida escalabilidade das funções serverless, enquanto um pipeline de processamento de dados poderia ser mais adequado à confiabilidade do Kubernetes. Esta abordagem afinada é característica de um sistema bem projetado.

É crucial que todos os sistemas possam se comunicar facilmente uns com os outros, especialmente quando precisam colaborar com parceiros externos. APIs devem ser o método primário para sistemas se comunicarem e compartilharem dados, pois fornecem uma maneira padronizada e segura para diferentes partes de um sistema trocarem informações e são vitais para conectar sistemas externos (como redes de parceiros ou serviços de terceiros).

As APIs oferecem um método de interação controlado que ajuda a gerenciar desafios como lidar com altos volumes de solicitações, evitando assim problemas como a limitação. As APIs oferecem uma abordagem estruturada para gerenciar como outros interagirão com seus sistemas.

Entender como suas aplicações performam sob estresse é outra tarefa essencial para tomar decisões arquitetônicas informadas. Funções serverless são particularmente adeptas a lidar com aumentos imprevisíveis de atividade. O Kubernetes, embora ofereça desempenho consistente, requer configuração precisa para evitar conflitos de recursos e manter alta disponibilidade. Monitoramento contínuo e otimização são componentes chave de uma gestão eficaz de custos.

Ao empregar uma combinação de serverless e Kubernetes, você pode alocar recursos de forma flexível com base nas necessidades imediatas. Implementar estratégias de escalonamento automatizado e usar ferramentas de análise de custos pode ajudar a manter uma infraestrutura eficiente e econômica. Monitoramento e registro contínuos são essenciais para otimizar o desempenho em componentes tanto serverless quanto Kubernetes. Esse nível de visibilidade permite identificar problemas antecipadamente, entender o uso de recursos e tomar decisões baseadas em dados para escalonamento e alocação de recursos. Lembre-se de que a otimização contínua é crucial para manter um sistema de alto desempenho.

A segurança é um componente crucial de todo design arquitetônico. As funções serverless se beneficiam dos recursos de segurança integrados fornecidos pelo provedor de nuvem, como atualizações automáticas e gerenciamento de patches. Kubernetes, por outro lado, requer um gerenciamento de segurança mais ativo, incluindo políticas de rede e segurança de contêineres. Uma abordagem combinada exige um plano de segurança robusto que aborde ambos os ambientes.

Esta arquitetura híbrida oferece maior versatilidade e adaptabilidade. À medida que sua aplicação cresce, você tem a flexibilidade de transferir cargas de trabalho entre serverless e Kubernetes com base em necessidades em evolução e novos insights, garantindo que sua arquitetura possa acomodar demandas futuras sem exigir modificações extensas.

Usar serverless e Kubernetes juntos também pode aumentar a eficiência do desenvolvimento. As funções serverless permitem prototipagem rápida e iteração, enquanto o Kubernetes fornece uma plataforma estável para implantar aplicações complexas e com estado. Esse equilíbrio pode acelerar os ciclos de desenvolvimento e melhorar a produtividade geral. Além disso, uma arquitetura mista simplifica o processo de garantir resiliência e tolerância a falhas. As funções serverless podem redirecionar automaticamente o tráfego em caso de falhas, enquanto o Kubernetes oferece mecanismos robustos para gerenciar falhas de pods e garantir serviço contínuo. Redundância e resiliência são críticas para manter alta disponibilidade.

Um design arquitetônico moderno deve suportar a implementação de práticas de integração e implantação contínuas (CI/CD). Tanto o serverless quanto o Kubernetes se integram perfeitamente a pipelines de CI/CD, permitindo testes automatizados, implantação e escalabilidade. Esta integração garante o lançamento rápido e confiável de novos recursos e atualizações. Governança e conformidade também são considerações cruciais, especialmente em indústrias regulamentadas. Provedores de nuvem frequentemente incluem recursos de conformidade em arquiteturas serverless, enquanto o Kubernetes requer configuração manual adicional, mas oferece maior controle sobre dados e processos. Uma abordagem combinada permite equilibrar efetivamente esses requisitos.

Por fim, garantir a longevidade de sua arquitetura requer estar atualizado com novas tecnologias e padrões da indústria.

Utilizar uma combinação de serverless e Kubernetes possibilita uma abordagem flexível, permitindo a integração das ferramentas e metodologias mais recentes para manter um sistema moderno e competitivo. Além disso, priorizar uma abordagem centrada em API garante interação suave e evolução independente de vários componentes do sistema. O sucesso no design de uma arquitetura de aplicação moderna depende do reconhecimento das forças e fraquezas de diferentes abordagens e da combinação estratégica delas para atender às suas necessidades exclusivas. Considerando cuidadosamente fatores como segurança, gestão de custos, escalabilidade e flexibilidade, você pode construir um sistema robusto, eficiente e resiliente. Esta combinação eficaz, junto com um foco na otimização de fluxo de trabalho usando ferramentas como AWS Step Functions e um design centrado em API, é a chave para navegar com sucesso pelos desafios do desenvolvimento de software moderno.

Capítulo 5 - É um Mundo Contínuo: Integre, Teste e Não Entre em Pânico!

"O sucesso não é final, o fracasso não é fatal: é a coragem de continuar que conta." – Winston Churchill

Pequena História 5: Continue... Indo...?

Uau, o último ano foi cheio de novas ideias e aprendizados na ACME.com. Eles construíram muitas novas funcionalidades e ganharam muito conhecimento. Até Sarah e Mark, que tinham maneiras diferentes de pensar e trabalhar, agora estão colaborando e combinando ideias.

Mudar para uma estratégia API-First para todas as equipes foi um grande sucesso. Começando com contratos de API, nós simplificamos o desenvolvimento e evitamos problemas, alcançando zero incidentes desde o início (estabilidade por anos, é o que esperamos)!

Brendon estava sentado em sua mesa, pensando sobre a jornada da equipe, os objetivos alcançados e os problemas resolvidos. Seus pensamentos foram interrompidos pela voz alegre de Sarah.

- "Ei Brendon, no que você está sonhando acordado?", ela riu.
- "Ei Sarah, nada importante... O que houve?"

Sarah se apoiou na mesa dele, seus olhos brilhando de empolgação:

- "Brendon, eu realmente acho que devemos continuar avançando. Devemos visar cem implantações por dia ou mais. É hora de atualizar nossos pipelines de CI/CD, melhorar nossos testes, expandir nossos limites."

Brendon parecia surpreso.

- "O quê? Eu estava apenas feliz que estamos atingindo nossas metas de serviço melhor do que nunca... E agora você quer que a gente vá ainda mais rápido?"

Sarah riu:

- "Claro que quero! Nosso sucesso é apenas o começo. Imagine implantar mudanças muitas vezes por hora sem tempo de inatividade. Poderíamos obter feedback rapidamente e responder às necessidades dos usuários quase em tempo real. Poderíamos usar deployments canary para testar funcionalidades em pequenos incrementos, deployments blue-green para reduzir riscos e ferramentas de monitoramento avançadas para prever problemas antes que aconteçam."

Brendon esfregou a testa, pensando.

- "Certo, mas precisaremos mudar nossa infraestrutura. Precisaremos de melhor automação de testes, mais visibilidade com rastreamento e talvez IA para identificar problemas em tempo real."

Sarah assentiu com entusiasmo.

- "Exatamente! E com feature flags podemos separar implantações de lançamentos, nos dando mais controle."

A hesitação de Brendon começou a desaparecer enquanto ele começava a ver os benefícios...

Honestamente, este não é o foco principal deste livro, mas falar sobre Topologias de Equipes, SRE (Engenharia de Confiabilidade de Sites), Equipes de Plataforma, Segurança, e assuntos de CI/CD é essencial para fornecer uma visão abrangente de como todos esses elementos contribuem diretamente para uma cultura de falhas rápidas, teoria da cauda, inovação, e mais importante, como eles influenciam as Estratégias Modernas de Aplicativos, tanto direta quanto indiretamente.

Lutando por Integração Contínua

Todos sabemos que o desenvolvimento de sistemas de software é complexo. Uma mudança aparentemente simples e independente em um único arquivo pode causar efeitos colaterais inesperados em todo o sistema. Quando muitos desenvolvedores trabalham em sistemas relacionados, coordenar atualizações de código se torna desafiador, potencialmente levando a incompatibilidades entre mudanças de diferentes desenvolvedores. Quanto maior e mais distribuída a equipe de desenvolvimento, maior o desafio de garantir que as mudanças de um desenvolvedor não interrompam o trabalho dos outros.

A prática de integração contínua (CI) foi criada para abordar esses problemas. Segue o princípio de que se algo requer quantidades significativas de tempo e energia, deve ser feito com mais frequência para reduzir o fardo geral[1]. Ao estabelecer ciclos de feedback rápidos e garantir que os desenvolvedores trabalhem em pequenos lotes, a CI permite que as equipes produzam software de alta qualidade. O objetivo é reduzir o custo do desenvolvimento e manutenção contínuos de software, enquanto aumenta a produtividade da equipe. Essa abordagem ajuda a identificar problemas de integração cedo, tornando-os mais fáceis de resolver. O objetivo é detectar problemas cedo no processo de desenvolvimento, reduzindo o esforço necessário para corrigi-los e minimizando o risco de problemas significativos mais tarde.

Quando uma organização pratica CI, os desenvolvedores integram seu trabalho na versão principal do código com frequência. Pesquisas da DevOps Research and Assessment (DORA) mostram que equipes têm melhor desempenho quando os desenvolvedores unem seu trabalho ao tronco pelo menos uma vez por dia, uma prática conhecida como Desenvolvimento Trunk-Based [2]. Uma suíte de testes automatizados é executada antes e depois da união para validar que as mudanças não introduzem bugs de regressão. Se esses testes automatizados falharem, a equipe para o que está fazendo para corrigir o problema imediatamente. A CI garante que o software esteja sempre em um estado funcional e que os branches dos desenvolvedores não se desviem significativamente do tronco, o que ajuda a minimizar o "inferno de integração", onde a fusão do código se torna cada vez mais complexa ao longo do tempo, levando à redução de produtividade e potenciais defeitos.

---

[1] https://www.mindtheproduct.com/what-the-hell-are-ci-cd-and-devops-a-cheatsheet-for-the--rest-of-us/

[2] Forsgren, N., Humble, J., Kim, G., & Debois, P. (2018). Accelerate: The Science of Lean Software and DevOps: Building and Scaling High Performing Technology Organizations. IT Revolution.

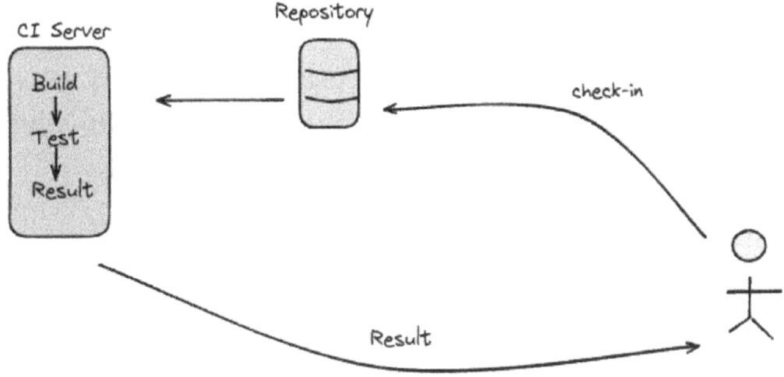

como fazer CI

O primeiro passo da CI é fornecer um script automatizado para criar pacotes que possam ser implantados em qualquer ambiente. Os pacotes criados pela versão de CI devem ser confiáveis e usados consistentemente por todos os processos subsequentes. Essas versões devem ser devidamente numeradas e repetíveis, garantindo que o processo de build seja executado com sucesso pelo menos uma vez ao dia.

Um conjunto de testes automatizados também é essencial. Se você não tiver nenhum, comece escrevendo alguns testes de aceitação e unidade que cubram funcionalidades críticas no seu sistema. Certifique-se de que os testes sejam confiáveis para que, quando falhem, você saiba que há um problema real. Por outro lado, quando os testes passam, você pode ter confiança de que não há problemas sérios no sistema. Certifique-se de que os testes cubram todas as novas funcionalidades e que sejam executados rapidamente para que os desenvolvedores recebam feedback o mais rápido possível. Os testes devem ser executados com sucesso pelo menos uma vez ao dia. Se você tiver testes de desempenho e aceitação, os desenvolvedores também devem receber feedback deles diariamente.

Um sistema de CI deve executar a build e os testes automatizados em cada check-in, tornando o status visível para a equipe. Isso pode ser feito de uma maneira divertida, como usar buzinas ou luzes para indicar quando a build falha. Evite usar notificações por e-mail, pois geralmente são ignoradas ou filtradas. Em vez disso, usar notificações em um sistema de chat é uma maneira mais eficaz e reconhecida de conseguir isso. Esse mecanismo de feedback imediato garante que os problemas sejam abordados prontamente, mantendo a saúde geral do código e promovendo uma cultura de responsabilidade e colaboração entre os desenvolvedores.

Integração Contínua, conforme definido por Kent Beck e a comunidade de Extreme Programming (XP)[3], onde o termo se originou, também inclui duas outras práticas que melhoram o desempenho da entrega de software:

- **Desenvolvimento Trunk-Based** - Os desenvolvedores trabalham fora do tronco/linha principal em pequenos lotes, mesclando seu trabalho em um tronco/linha principal compartilhado pelo menos diariamente. Essa abordagem reduz conflitos de mesclagem e garante que todos os desenvolvedores estejam trabalhando com a versão mais recente do código.

---

[3] https://www.optimizely.com/optimization-glossary/trunk-based-development/

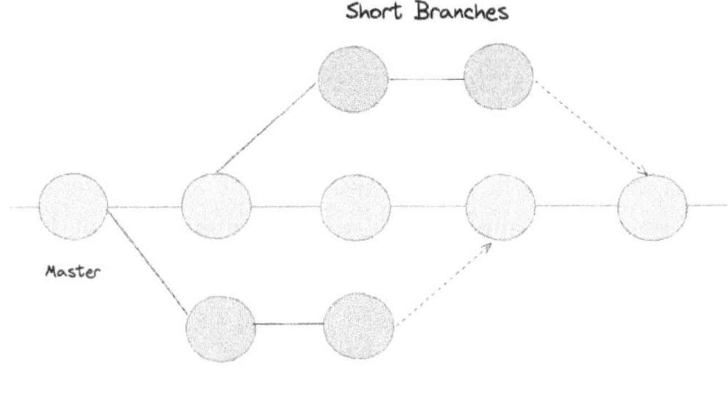

Desenvolvimento Trunk-Based

- **Acordo** - Quando a build falha, consertá-la tem prioridade sobre qualquer outro trabalho. Isso garante que a equipe mantenha um código estável e funcional o tempo todo, evitando o acúmulo de dívida técnica e garantindo um processo de desenvolvimento tranquilo.

Outro princípio fundamental para um CI bem-sucedido é manter um repositório de código abrangente. Tudo o que é necessário para criar e configurar o aplicativo e o sistema deve residir no repositório. Isso está alinhado com o primeiro fator da metodologia de 12 Fatores, garantindo que todos os elementos sejam versionados e acessíveis, reduzindo discrepâncias entre diferentes ambientes.

Automatizar o processo de build é crucial, uma vez que etapas manuais introduzem o risco de erro humano e muitas vezes carecem de documentação. Com a automação, consistência, confiabilidade e reprodutibilidade são garantidas, o que é fundamental para manter um fluxo de trabalho de desenvolvimento estável.

Testes rápidos devem ser realizados em cada alteração de código. Embora testes abrangentes sejam necessários, eles devem ser complementados por testes rápidos, como testes de unidade, para fornecer feedback imediato. Isso ajudará os desenvolvedores a identificar e resolver problemas rapidamente.

Um objetivo central do CI é manter uma build estável que sirva como uma base de desenvolvimento confiável. Quando uma build quebra, ela deve ser corrigida imediatamente. Se uma correção rápida não for viável, a alteração que causou a falha deve ser identificada e revertida prontamente para restaurar a estabilidade.

De acordo com a pesquisa da DORA[4], a execução de testes não deve exceder 10 minutos. Testes de longa duração atrasam o feedback e desaceleram o ciclo de desenvolvimento. Para mitigar isso, você pode melhorar a eficácia dos testes, adicionar recursos de computação para executar testes em paralelo ou dividir testes de longa duração em builds separadas usando o padrão de pipeline de implantação.

Não posso enfatizar o suficiente o quanto é essencial a mesclagem frequente no tronco. Organizações que automatizam testes e builds, mas não mesclam no tronco diariamente, enfrentam desafios de integração com branches de longa duração.

Para medir efetivamente o CI, vários formatos e dimensões de

[4]DORA Report 2023 and Puppet Labs research 2022

imagem podem ser utilizados para a representação gráfica de dados ou conceitos. Essas ferramentas visuais podem ajudar as equipes a entender e analisar seus processos de CI, facilitando a identificação de áreas para melhoria e o acompanhamento do progresso ao longo do tempo.

Ao abordar esses desafios comuns e implementar técnicas de medição eficazes, as organizações podem aprimorar suas práticas de CI, levando a fluxos de trabalho de desenvolvimento mais estáveis e eficientes.

Entrega Contínua e Implantação Contínua

Após integrar todo o código, resolver quaisquer problemas e criar um pacote que possa ser entregue no ambiente, o próximo passo crítico é garantir que o processo de implantação seja automatizado e suave o suficiente para entrega frequente, potencialmente centenas de vezes por dia. Isso é o que chamamos de Entrega Contínua (CD), uma prática voltada para manter seu software sempre em um estado implantável, permitindo uma liberação rápida, confiável e contínua de melhorias de software para os usuários finais. Testes automatizados devem ser realizados em todas as etapas do pipeline, juntamente com um monitoramento abrangente e uma forte ênfase na colaboração entre as equipes de desenvolvimento, operações e garantia de qualidade.

CD representa um avanço significativo nas práticas de desenvolvimento e implantação de software. Surgindo do Agile e DevOps, foca em liberar rapidamente, de forma segura e consistente, mudanças, atualizações e novas funcionalidades. Iteração e aprimoramento contínuo são as palavras-chave, permitindo que as empresas se adaptem facilmente às necessidades do mercado e ao feedback dos usuários.

O conceito foi introduzido pela primeira vez por Jez Humble e David Farley em seu livro seminal "Entrega Contínua: Releases de Software Confiáveis através de Automação de Build, Teste e Implantação". [5] Desde sua criação, a prática evoluiu significativamente, incorporando ferramentas de automação mais avançadas, estruturas de teste aprimoradas e sistemas de monitoramento sofisticados. Hoje, a entrega contínua é crucial na engenharia de software moderna, ajudando as equipes a aumentar a eficiência, reduzir riscos e melhorar a qualidade do software.

Concluindo, a entrega contínua é a capacidade de implantar várias mudanças de forma rápida, segura e consistente sempre que necessário. Equipes proficientes podem implantar software e implementar mudanças em produção com risco mínimo, mesmo durante o horário normal de trabalho, sem causar interrupções aos usuários. Seus princípios fundamentais são:

- **Incorporar qualidade desde o início** - Garantir que a qualidade seja integrada ao produto desde o começo.
- **Trabalhar em pequenos lotes** - Dividir o trabalho em partes gerenciáveis para facilitar implantações mais rápidas e confiáveis.
- **Automatizar tarefas repetitivas** - Reduzir a intervenção manual para minimizar erros e aumentar a eficiência.

---

[5] Humble, J., & Farley, D. (2010). Continuous Delivery: Reliable Software Releases through Build, Test, and Deployment Automation. Addison-Wesley.

- **Permitir que as pessoas resolvam problemas** - Capacitar as equipes a enfrentar desafios diretamente, promovendo inovação e melhoria contínua.
- **Buscar continuamente a melhoria** - Sempre se esforçar para refinar processos e melhorar o produto.
- **Todos são responsáveis** - Promover uma cultura de propriedade compartilhada onde cada membro da equipe é responsável pelo sucesso do produto.

A teoria do Tail, frequentemente aplicada nos mercados financeiros, sugere que quanto mais tentativas você fizer, maiores serão suas chances de encontrar seu "ouro" ou sucesso[6], e é diretamente aplicável à inovação nos negócios. Ao inovar continuamente e introduzir novos produtos ou serviços em um ritmo acelerado, as empresas aumentam suas chances de descobrir um produto ou serviço de sucesso que possa ser escalado com sucesso.

No contexto da inovação empresarial, o princípio por trás da Teoria do Tail sugere que a chave para o sucesso não está apenas em criar, mas em criar com frequência e eficiência. Quanto mais inovações uma empresa testa no mercado, maior a probabilidade de alcançar um avanço significativo.

A implantação contínua desempenha um papel crucial em facilitar esse ritmo rápido de inovação. Essa abordagem permite que as empresas lancem novos serviços rapidamente, testem-nos em cenários do mundo real e se adaptem com base no feedback. O modelo de implantação contínua apoia uma abordagem de falha rápida, em que menos sucessos são identificados e descartados o mais rápido possível,

---

[6]Housel, M. (2020). The Psychology of Money: Timeless Lessons on Wealth, Greed, and Happiness. Harriman House.

abrindo espaço para mais experiências e, em última análise, inovações. Isso não só acelera o tempo de lançamento no mercado, mas também melhora significativamente o ritmo da inovação, permitindo que as empresas permaneçam competitivas e responsivas às demandas do mercado.

A Teoria do Tail também incentiva um modelo de operação empresarial de alto volume e alta velocidade, onde o foco está em gerar uma ampla gama de opções, testá-las rapidamente e escalar as mais bem-sucedidas. Essa estratégia aproveita a implantação contínua para maximizar o número de oportunidades de descoberta e sucesso em um mercado impulsionado por mudanças rápidas e inovação.

Mas como você pode avaliar sua estratégia de implantação? Listei algumas perguntas rápidas que você pode responder:

1. Nosso software é implantável em todos os momentos durante seu ciclo de vida?
2. Priorizamos manter o software implantável em detrimento de trabalhar em novos recursos?
3. O feedback rápido sobre a qualidade e a capacidade de implantação do sistema está disponível para toda a equipe?
4. Tornamos a correção de problemas não implantáveis (como falhas de construção ou de teste) nossa prioridade máxima?
5. Podemos implantar nosso sistema em produção ou para usuários finais sob demanda?

A integração dos métodos de entrega contínua significa uma mudança significativa em relação aos cronogramas tradicionais de lançamento de software. Ao priorizar lançamentos regulares e confiáveis, as equipes podem reduzir as chances de falhas graves e proporcionar um fluxo de entrega mais contínuo e previsível.

Em última análise, a entrega contínua é mais do que uma mudança tecnológica: envolve uma transformação fundamental na maneira como as equipes abordam e consideram o desenvolvimento de software. Ao incorporar qualidade e automação em cada etapa do ciclo de vida do desenvolvimento, os resultados são maior produtividade, qualidade superior do produto e maior satisfação do cliente. À medida que a indústria continua a evoluir, a entrega contínua permanecerá como um pilar das práticas bem-sucedidas de engenharia de software.

Entendendo a Entrega Contínua vs. Implantação Contínua

Embora intimamente relacionados, esses conceitos visam diferentes partes do processo de lançamento de software. Ambas as metodologias surgem da necessidade de entregar software de forma eficiente e consistente, mas atendem a requisitos operacionais distintos. Entender as diferenças ajudará você a implementá-las com sucesso em sua organização.

As origens dessas práticas podem ser rastreadas até o início dos anos 2000, começando com o desenvolvimento Ágil e seguido pelo advento do DevOps. A entrega contínua foca em garantir que o software esteja sempre em um estado implantável, pronto para lançamento a qualquer momento. Em contraste, a implantação contínua automaticamente envia cada mudança de código para produção assim que passa pelo pipeline. Essa distinção leva a diferentes taxas de adoção e estratégias de implementação em diferentes projetos de software.

A implantação contínua enfatiza a implantação de cada atualização de código em produção o mais rápido possível. Embora essa abordagem seja altamente eficaz para serviços web, pode não ser adequada para software como firmware ou aplicativos móveis, onde restrições regulatórias ou infraestrutura complexa estão envolvidas. Por outro lado, a entrega contínua é aplicável a um espectro mais amplo de tipos de software, incluindo aqueles em ambientes regulamentados ou com sistemas legados. Mesmo que a implantação contínua seja o objetivo final, começar com a entrega contínua é frequentemente recomendado.

Decidir entre entrega contínua ou implantação contínua depende das necessidades e restrições específicas do seu projeto. Embora a implantação contínua ofereça a vantagem de ciclos de lançamento frequentes, pode não ser apropriada para todos os projetos de software, particularmente aqueles com requisitos regulatórios rigorosos ou infraestrutura complexa.

As organizações podem se beneficiar significativamente implementando a entrega contínua, pois ela estabelece uma base robusta de processos automatizados de teste, integração e implantação. À medida que as equipes ganham confiança na confiabilidade do sistema, podem avaliar se a implantação contínua é um próximo passo viável. Independentemente de qual abordagem seja selecionada, ambas as práticas buscam melhorar a qualidade do software e acelerar os prazos de entrega, levando, em última análise, a melhores resultados de negócios.

Adaptando a Entrega Contínua para Ambientes Regulamentados

A implementação da entrega contínua em domínios regulamentados ou críticos para a segurança muitas vezes levanta preocupações sobre segurança, conformidade e gestão de riscos. No entanto, os princípios da entrega contínua podem ser ajustados para atender aos rigorosos requisitos desses setores. Ao integrar estratégias robustas de teste, automação e monitoramento, as empresas podem aproveitar os benefícios da entrega contínua enquanto permanecem em conformidade com os padrões regulatórios.

Pesquisas conduzidas pela DORA e Puppet Labs[7] indicam que organizações de alto desempenho conseguem alcançar maior confiabilidade e disponibilidade mesmo em ambientes altamente regulamentados. Esta seção explora como a entrega contínua pode ser efetivamente incorporada em setores regulamentados e críticos.

A entrega e implantação contínuas são às vezes vistas como arriscadas ou inadequadas para indústrias regulamentadas ou críticas para a segurança. No entanto, o objetivo é mitigar o risco de software e garantir altos padrões de confiabilidade e disponibilidade. Práticas de entrega contínua, como testes contínuos, priorização da segurança no início do desenvolvimento, testes rigorosos e observabilidade são extremamente importantes em indústrias com regulamentações rígidas e altos requisitos de segurança.

Introduzir a entrega contínua em domínios regulamentados ou críticos exige planejamento minucioso e adesão a diretrizes estabelecidas. Ao enfatizar testes rigorosos, automação e melhoria contínua, as empresas podem reduzir riscos e cumprir obrigações regulatórias. O aspecto crucial é estabelecer uma cultura que enfatize excelência e confiabilidade ao longo de todo o processo de desenvolvimento.

Histórias de sucesso de diferentes setores mostram que a entrega contínua não é apenas possível, mas também vantajosa em ambientes

---

[7] DORA Report 2023 and Puppet Labs research 2022

regulamentados. A estratégia ajuda as organizações a se manterem competitivas ao acelerar o tempo de lançamento de produtos no mercado e melhorar a qualidade do software, tudo enquanto mantém os padrões de segurança e conformidade. À medida que o campo continua a se desenvolver, se tornará cada vez mais essencial na definição do futuro do desenvolvimento de software em todas as indústrias.

Além de ciclos de lançamento mais rápidos e qualidade de software aprimorada, a entrega contínua também aumenta o moral da equipe, a eficiência operacional e o desempenho geral dos negócios. Ela capacita as equipes a entregar valor consistente e se adaptar rapidamente às demandas do mercado em mudança, impulsionando assim o sucesso geral.

Principais Vantagens de um Ambiente de Entrega Contínua

A entrega contínua transformou o desenvolvimento e implantação de software desde que foi introduzida. Os primeiros adotantes têm demonstrado seus benefícios tangíveis, incluindo aumento da eficiência, redução das incertezas de implantação e melhoria da conformidade com os objetivos de negócios. Esta seção explora as vantagens significativas da entrega contínua:

- **Desempenho Aprimorado na Entrega de Software** - A entrega contínua melhora o desempenho através de quatro métricas chave. As organizações experimentam maior disponibilidade e confiabilidade de seus sistemas de software.
- **Redução do Burnout e Aumento da Satisfação no Trabalho** - Ao simplificar processos de implantação e reduzir o estresse associado a lançamentos, a entrega contínua ajuda a diminuir

os níveis de burnout entre engenheiros, resultando em maior satisfação no trabalho e uma cultura organizacional mais positiva.

- **Esforço de Implantação Minimizado** - Simplifica o processo de implantação, reduzindo o esforço e a ansiedade que os engenheiros enfrentam ao colocar código em produção. Essa facilidade de implantação reduz o risco e a interrupção tradicionalmente associados a lançamentos de software.
- **Segurança Psicológica Aprimorada** - Promove uma cultura de segurança psicológica onde os engenheiros se sentem mais seguros para experimentar e inovar, sabendo que seu código pode ser implantado de forma confiável e segura.

A entrega contínua reformulou a maneira como as organizações percebem o desenvolvimento de software. Ao focar em atualizações incrementais e frequentes em vez de lançamentos grandes e infrequentes, as equipes podem minimizar os riscos associados a implantações de grande impacto. Esse método não apenas melhora a qualidade do software, mas também aumenta a agilidade e a capacidade de resposta do processo de desenvolvimento.

Como mencionei, a entrega contínua também é extremamente benéfica para a promoção de um ambiente de trabalho favorável. A abordagem minimiza o estresse e a incerteza dentro da equipe. Os engenheiros são mais propensos a correr riscos calculados e a propor novas ideias quando têm certeza de que seu código pode ser implantado de forma segura e eficiente. Adotar práticas de entrega contínua oferece um grande benefício por meio da mudança cultural para melhoria constante e trabalho em equipe.

Transformação Cultural e Técnica

Implementar a entrega contínua requer tanto uma mudança cultural quanto uma adaptação técnica. Não se trata apenas de adotar novas ferramentas; é uma abordagem abrangente que abrange todo o ciclo de vida do desenvolvimento de software. Esta seção descreve os elementos essenciais e os métodos recomendados para executar efetivamente a entrega contínua.

Iniciar o caminho em direção à entrega contínua envolve criar uma cultura focada em aprendizado contínuo e experimentação. Com o tempo, as organizações aprimoraram seus métodos incorporando novas tecnologias e técnicas para tornar o processo de implantação mais eficiente. As ferramentas e práticas de entrega contínua evoluíram para se tornarem mais acessíveis e eficazes para equipes de todos os tamanhos[8]:

1. **Cultura de Aprendizado Contínuo e Experimentação** - Estabelecer uma cultura que incentive o aprendizado contínuo e a experimentação. Adotar novas tecnologias e metodologias para refinar e aprimorar continuamente o processo de implantação.
2. **Arquitetura de Componentes Independentes** - Projetar sistemas com componentes independentes para facilitar atualizações e implantações independentes, reduzindo dependências e aumentando a escalabilidade.
3. **Integração Contínua (CI)** - Integrar mudanças de código frequentemente para detectar problemas cedo e garantir que o software permaneça em um estado implantável.
4. **Teste Contínuo** - Implementar frameworks de teste automatizados para fornecer feedback rápido sobre a qualidade e

[8] Forsgren, N., Humble, J., & Kim, G. (2018). Accelerate: The Science of Lean Software and DevOps. IT Revolution Press.

funcionalidade do código, garantindo que cada mudança atenda aos padrões exigidos.

5. **Processo de Implantação Claro e Leve** - Simplifique o processo de implantação para torná-lo o mais eficiente e direto possível, reduzindo a complexidade e os potenciais pontos de falha.
6. **Monitoramento e Observabilidade** - Use ferramentas de monitoramento e observabilidade para obter insights em tempo real sobre o desempenho do sistema, detectar problemas rapidamente e manter a saúde geral do sistema.
7. **Automação de Implantação** - Automatize os processos de implantação para garantir consistência, reduzir erros manuais e facilitar lançamentos rápidos.
8. **Antecipação de Segurança (DevSecOps)** - Integre práticas de segurança no início do processo de desenvolvimento para identificar e resolver vulnerabilidades antes que se tornem problemas críticos.

Implementar a entrega contínua é uma jornada iterativa de refinamento e adaptação. Para alcançar o sucesso, as organizações devem investir em treinamento, ferramentas e mudanças culturais para alcançar seus objetivos. O importante é começar pequeno, experimentar coisas novas e escalar práticas bem-sucedidas em toda a empresa.

Ao adotar a entrega contínua, as equipes podem aumentar sua capacidade de se adaptar às mudanças do mercado e entregar valor aos clientes de forma mais rápida. Integrar automação e ciclos de feedback contínuos garante que o software permaneça implantável, minimizando o tempo de inatividade e aumentando a confiabilidade. A entrega contínua continuará sendo uma estratégia crucial para alcançar uma entrega de software de alto desempenho à medida que as organizações evoluem.

Teste Contínuo

Pelas minhas observações, as empresas estão adotando várias abordagens de modernização para atualizar seus sistemas desatualizados em aplicações contemporâneas. O teste contínuo é essencial nessas metodologias, pois garante que a qualidade e a confiabilidade sejam mantidas em todas as etapas do processo de transformação.

À medida que as organizações fazem a transição para aplicações modernas, especialmente aquelas construídas com microsserviços e designs nativos em nuvem, o teste contínuo se torna cada vez mais crítico. As aplicações modernas exigem alta disponibilidade, escalabilidade e resiliência, e isso só pode ser alcançado através de metodologias de teste rigorosas e contínuas.

As aplicações nativas em nuvem, que utilizam arquiteturas de microsserviços e sem servidores, precisam de estruturas de teste contínuo fortes para lidar com as complexidades dos sistemas distribuídos. O teste contínuo em ambientes nativos em nuvem envolve a validação de microsserviços, suas interações e o desempenho geral do sistema em várias condições.

O teste contínuo é um componente essencial no desenvolvimento contemporâneo de software, garantindo aplicações de alta qualidade, confiáveis e expansíveis. Ao incorporar o teste contínuo em estratégias de modernização e práticas nativas em nuvem, as empresas podem acelerar os prazos de entrega, reduzir erros e manter uma vantagem competitiva no mercado.

Esse processo inclui tanto a validação automatizada quanto manual do software em várias etapas para garantir que ele atenda aos padrões de qualidade e funcione corretamente. Esse método é crucial nas abordagens ágeis e DevOps, que enfatizam a entrega de software rápida e confiável.

O teste contínuo desempenha um papel crucial na transição para aplicações modernas, especialmente aquelas desenvolvidas com microsserviços e designs nativos em nuvem. Representa tanto uma necessidade técnica quanto uma mudança cultural dentro das empresas, promovendo a colaboração e ciclos de feedback mais rápidos.

O relatório State of DevOps 2020 da Puppet e CircleCI[9] destacou vários grandes obstáculos que as organizações enfrentam ao integrar a entrega contínua.

1. **Cobertura de Teste Incompleta** - O problema mais notável enfrentado por todos os grupos é a cobertura de teste incompleta. Alcançar uma cobertura de teste abrangente é quase impossível, especialmente em ambientes complexos com inúmeras interações de usuários, estruturas em evolução e interdependências. Isso destaca a necessidade de uma abordagem estratégica para planejar e priorizar testes para garantir que caminhos críticos sejam testados minuciosamente.
2. **Mentalidade Organizacional** - A forma como uma organização pensa impacta muito sua capacidade de adotar práticas de

[9] The 2020 State of DevOps report by Puppet and CircleCI

teste contínuo. Resistência à mudança, falta de compreensão dos benefícios e relutância em investir na infraestrutura e treinamento necessários podem impedir o progresso. Cultivar uma cultura que priorize a qualidade e a melhoria contínua é crucial.

3. **Arquitetura de Aplicação Fortemente Acoplada** - Arquiteturas de aplicação fortemente acopladas impõem limitações significativas para as equipes de entrega. Coordenar atualizações entre aplicações ou serviços interdependentes pode causar atrasos. Dividir aplicações em componentes menores e modulares pode ajudar as equipes a entregar de forma autônoma e mais eficaz.

Receber feedback oportuno sobre o impacto das mudanças garante a qualidade do software no ciclo de entrega de software. Tradicionalmente, as equipes dependiam de testes manuais e inspeções de código realizadas separadamente após o desenvolvimento ser concluído.

O método tradicional de teste tinha várias desvantagens significativas:

- **Testes Infrequentes** - Os testes eram realizados apenas algumas vezes por ano, resultando em longos intervalos entre as avaliações.
- **Feedback Atrasado** - Os desenvolvedores recebiam feedback sobre seus erros meses após introduzi-los, atrasando a oportunidade de resolver problemas rapidamente.
- **Vínculo Enfraquecido de Causa e Efeito** - A conexão entre a causa de um problema e seu efeito diminuía com o tempo, tornando mais desafiador resolver problemas de forma eficaz.

- **Desconexão na Aprendizagem** - As pessoas que corrigiam os erros muitas vezes não eram as que os causavam, levando a uma falta de aprendizado direto com os erros.

Por outro lado, o teste contínuo oferece feedback rápido, permitindo que os desenvolvedores resolvam prontamente os problemas e incorporem novos conhecimentos em suas rotinas diárias.

Como tudo o mais discutido neste livro, o teste é sobre decisões de negócios se unindo à tecnologia, como podemos ver aqui no diagrama de Brian Marick do livro Agile Testing[10], que delineia os tipos de testes automatizados e manuais que precisam ser realizados:

---

[10]Marick, B. (2009). Agile Testing: A Practical Guide for Testers and Agile Teams. Addison-Wesley.

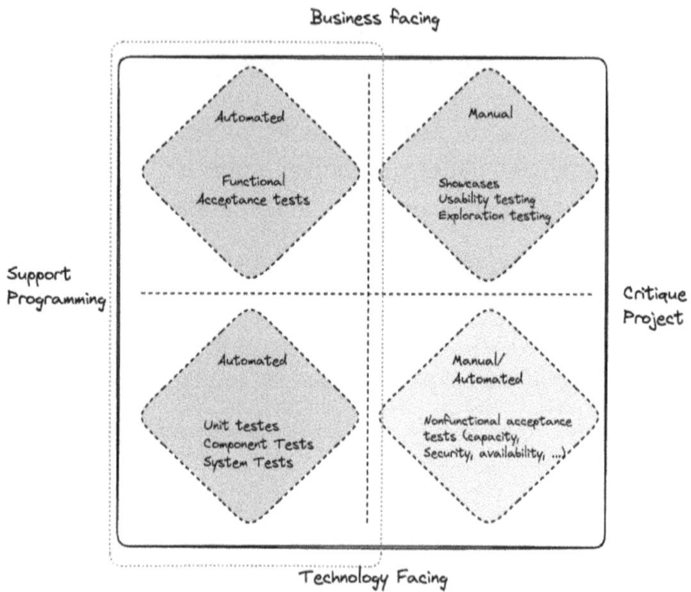

Tipos de Teste 1

Diagrama de Brian Marick ilustrando os tipos de testes automatizados e manuais. Testes automatizados se encaixam em um pipeline de implantação de entrega contínua. Nesse pipeline, cada mudança executa uma build e cria pacotes de software, executa testes unitários e possivelmente realiza outras verificações, como análise estática.

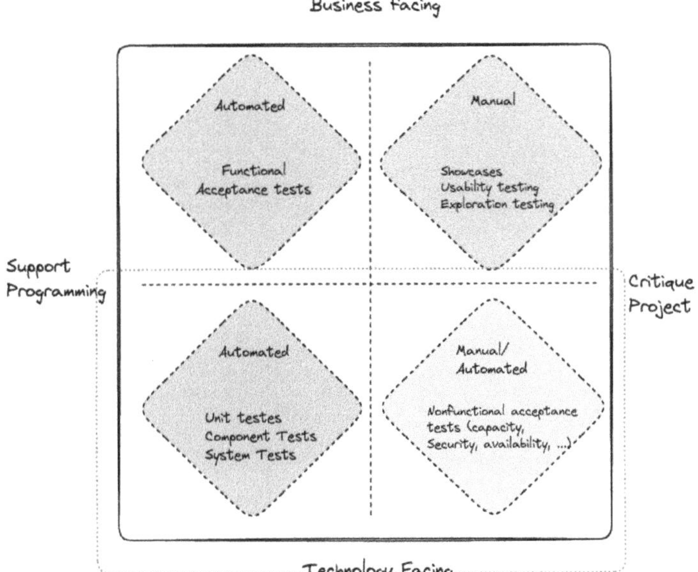

Tipos de Teste 2

Testes de aceitação automatizados e testes não funcionais realizados no software implantado. Uma vez que esses pacotes passam pela primeira etapa, testes de aceitação automatizados mais abrangentes e provavelmente alguns testes não funcionais, como testes de desempenho e verificações de vulnerabilidades, são realizados no software em execução implantado automaticamente.

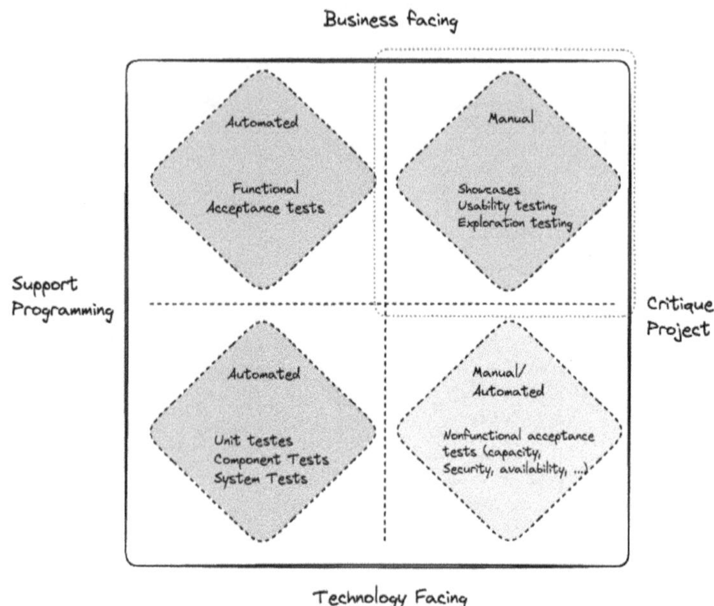

Tipos de Teste 3

Exploração manual e teste de usabilidade antes da aprovação final. Qualquer build que passe pela etapa de aceitação geralmente é disponibilizada para exploração manual e teste de usabilidade. Finalmente, se não forem encontrados erros nessas etapas manuais, o aplicativo é considerado Pronto para Lançar! 🚀

Para implementar testes contínuos de forma eficaz, as organizações precisam integrar tanto testes automatizados quanto manuais em todo o processo de entrega de software. Esta prática envolve vários componentes-chave:

1. **Colaboração dos Engenheiros de QA** - Engenheiros de QA trabalham ao lado dos desenvolvedores durante todo o processo de desenvolvimento e entrega. Eles conduzem testes manuais, como exploratórios, de usabilidade e de aceitação, durante todo o ciclo de entrega.
2. **Guardões da Qualidade** - Engenheiros de QA agem como guardiões da qualidade, sugerindo melhorias e garantindo a qualidade em todas as fases, desde a criação de histórias até o teste de produção.
3. **Testes Automatizados** - Performers de elite criam e mantêm uma suíte de testes automatizados durante todo o ciclo de entrega de software. Testes automatizados se encaixam em um pipeline de entrega contínua, onde cada mudança aciona uma build, criação de pacotes, testes unitários e outras verificações como análise estática.

Testes automatizados são vitais para testes contínuos e incluem:

- **Testes Unitários** - Verificam componentes ou funções individuais.
- **Testes de Integração** - Garantem que diferentes partes da aplicação funcionem juntas como esperado.
- **Testes de Aceitação** - Validam se a aplicação atende aos requisitos especificados e expectativas do usuário.

Após passar pelas etapas iniciais, o software passa por testes de aceitação automatizados mais abrangentes e testes não funcionais, como testes de desempenho e verificações de vulnerabilidades. Esses testes são conduzidos no software implantado para garantir que ele atenda a todos os critérios necessários antes de prosseguir.

Uma vez que os testes automatizados são bem-sucedidos, o software é submetido a exploração manual e teste de usabilidade. Esta fase envolve usuários reais interagindo com a aplicação para identificar qualquer problema que os testes automatizados possam ter perdido. Se não forem encontrados erros significativos, a aplicação é considerada pronta para lançamento.

Testes contínuos oferecem vários benefícios:

- **Feedback Rápido** - Desenvolvedores recebem feedback imediato sobre suas mudanças, permitindo que resolvam problemas rapidamente.
- **Tempo de Espera Reduzido** - O tempo desde o check-in do código até a liberação é encurtado, permitindo ciclos de entrega mais rápidos.
- **Taxas de Erro Menores** - Identificar e corrigir problemas cedo melhora a qualidade e a confiabilidade do software em produção.

Além disso, testes contínuos promovem uma cultura de falhas rápidas, crucial em ambientes ágeis e DevOps modernos. Incentiva a experimentação e a inovação, pois os desenvolvedores podem testar novas ideias e funcionalidades sem o medo de impactos negativos a longo prazo. Integrar testes contínuos ao fluxo de trabalho de desenvolvimento não apenas melhora a velocidade e qualidade da entrega de software, mas também promove uma cultura de resiliência onde falhas são vistas como oportunidades de aprendizado em vez de retrocessos.

Mas é claro, implementar testes contínuos apresenta alguns desafios. Armadilhas comuns incluem:

1. **Não Envolver Desenvolvedores nos Testes** - Desenvolvedores devem ser responsáveis por criar e manter testes automatizados. Quando outros grupos lidam com a automação de testes, a suíte de testes frequentemente se torna incompleta, e o pipeline de build permanece quebrado até que a equipe responsável corrija os testes.
2. **Ter uma Proporção Incorreta de Testes** - Manter o equilíbrio certo de testes unitários e de aceitação é essencial. Testes unitários, que são mais rápidos de executar, devem capturar erros cedo, enquanto testes de aceitação fornecem uma cobertura mais ampla. Uma suíte de testes ideal detecta erros o mais cedo e de maneira mais econômica possível.
3. **Tolerar Testes Não Confiáveis** - Testes devem ser confiáveis, significando que testes passados indicam que o software está pronto para liberação, e testes falhos significam defeitos reais. Testes não confiáveis minam a confiança na suíte de testes. Manter um conjunto menor e confiável de testes é preferível a um grande e não confiável.

Engenharia de Plataforma - A próxima fase é agora!

É impossível desvincular a engenharia de plataforma das estratégias de TI e negócios modernas. Através da transformação digital, as empresas estão alterando seus processos de desenvolvimento e implantação de software para permanecerem competitivas. Este capítulo examina o desenvolvimento da engenharia de plataforma, sua influência no

DevOps, e as maneiras pelas quais as organizações podem aproveitá-la para inovação e eficiência.

A engenharia de plataforma existe há muito tempo e passou por mudanças significativas ao longo dos anos. Inicialmente, o foco era estabelecer ambientes seguros para a implantação de aplicativos. Esta fase inicial se concentrou em garantir a capacidade da infraestrutura para suportar aplicativos com segurança. Ao longo dos anos, a engenharia de plataforma se expandiu para incorporar métodos e tecnologias para entrega e integração contínuas. As empresas tiveram que se ajustar rapidamente às flutuações do mercado para permanecerem competitivas. Hoje, a engenharia de plataforma desempenha um papel crucial no desenvolvimento de software contemporâneo ao incorporar provisionamento automatizado, monitoramento e métodos avançados de escalonamento.

As principais ideias da engenharia de plataforma envolvem a construção de uma infraestrutura robusta e ferramentas para que os desenvolvedores implantem e gerenciem aplicativos facilmente. A engenharia de plataforma visa simplificar o gerenciamento de infraestrutura, permitindo que os desenvolvedores se concentrem em escrever código e entregar valor. Isso envolve a criação de sistemas automatizados para provisionamento de recursos, monitoramento de desempenho e escalonamento dinâmico de aplicativos. Ao fornecer essas capacidades em uma plataforma centralizada, as organizações podem garantir consistência e confiabilidade em seus processos de desenvolvimento, acelerando a entrega de novos recursos e produtos.

O DevOps destaca a importância do trabalho em equipe entre as equipes de desenvolvimento e operações para melhorar a entrega de software. A engenharia de plataforma melhora isso ao oferecer as ferramentas e a infraestrutura necessárias para escalar as práticas de DevOps. Essa integração aumenta a eficiência ao simplificar processos e minimizar obstáculos entre as equipes de desenvolvimento e operações. A engenharia de plataforma permite que as equipes de DevOps se concentrem em melhorar o desempenho e a experiência do usuário, automatizando tarefas de implantação e manutenção de software.

Equipes alinhadas a fluxos são projetadas para entregar valor contínuo ao alinhar seus esforços com fluxos de negócios específicos. Essas equipes assumem a responsabilidade por todo um fluxo de valor de ponta a ponta, garantindo que possam entregar recursos e melhorias sem transferências ou dependências desnecessárias. Este modelo minimiza atrasos e gargalos, permitindo uma entrega de serviços mais rápida e eficiente. As equipes alinhadas a fluxos podem tomar decisões rapidamente, adaptar-se às mudanças do mercado e responder ao feedback dos clientes em tempo real, o que é crucial para manter uma vantagem competitiva.

Equipes capacitadoras, conforme discutido em Team Topologies, de Skelton e Pais[11], ajudam a superar obstáculos enfrentados pelas equipes alinhadas a fluxos ao fornecer suporte e recursos necessários. Elas oferecem o suporte e os recursos necessários para garantir que as equipes alinhadas a fluxos possam operar de maneira eficiente. As equipes capacitadoras oferecem orientação sobre novas tecnologias, compartilham estratégias de sucesso e auxiliam na implementação de soluções complexas. Essencialmente, elas atuam como consultores internos, ajudando outras equipes a aproveitar os avanços tecnológicos e metodologias mais recentes.

---

[11] Skelton, M., Pais, M., & Bell, M. (2019). *Team Topologies: Organizing Business and Technology Teams for Fast Flow*. IT Revolution Press.

Algumas áreas específicas dentro de uma empresa precisam de expertise que não pode ser mantida por equipes multifuncionais. Equipes de subsistemas sofisticados gerenciam áreas complexas como algoritmos avançados, hardware especializado e requisitos de conformidade únicos. Essas equipes têm amplo conhecimento em suas áreas e oferecem assistência essencial às equipes alinhadas ao fluxo. As organizações consolidam expertise para ter as habilidades necessárias para lidar com aspectos complexos de sua pilha de tecnologia sem sobrecarregar equipes individuais.

Equipes de plataforma desempenham um papel crucial no modelo de engenharia de plataforma. Sua principal responsabilidade envolve a criação e gerenciamento de um conjunto de serviços e ferramentas reutilizáveis para uso de outras equipes. Ao considerar a plataforma como um produto, essas equipes garantem que ela seja fácil de usar, confiável e esteja sempre melhorando. Este método ajuda a simplificar as equipes, reduzindo a carga mental, permitindo que priorizem a entrega de valor ao negócio. Equipes de plataforma colaboram de perto com seus usuários para coletar feedback e aprimorar suas ofertas, garantindo que a plataforma esteja alinhada com as necessidades em constante mudança da organização.

O sucesso da engenharia de plataforma depende fortemente da comunicação eficaz. As principais formas de engajamento incluem colaboração, X-as-a-Service e facilitação:

- **Colaboração** - As equipes trabalham juntas por um período determinado para explorar novas tecnologias ou resolver questões complexas. Isso fomenta a criatividade e a inovação, resultando em avanços que podem não ser alcançáveis individualmente.

- **X-as-a-Service** - Uma equipe fornece um serviço que outra equipe usa, simplificando serviços e reduzindo trabalhos redundantes. Por exemplo, uma equipe de plataforma pode oferecer um serviço de registro usado por todas as equipes de desenvolvimento para manter procedimentos de registro consistentes.
- **Facilitação** - Uma equipe auxilia outra oferecendo orientação, suporte e conhecimento. Isso ajuda a compartilhar as melhores práticas e enfrentar desafios de forma eficaz.

As equipes de plataforma reduzem a carga cognitiva das equipes de desenvolvimento ao fornecer serviços e ferramentas fáceis de usar. Isso permite que as equipes alinhadas a fluxos se concentrem na entrega de valor ao negócio sem serem sobrecarregadas pelas complexidades da infraestrutura. Ao garantir que ferramentas e serviços essenciais estejam consistentemente disponíveis e sejam fáceis de usar, as equipes de plataforma melhoram a eficiência e a produtividade em toda a organização.

Equipes de plataforma eficazes veem suas plataformas como produtos. Isso implica que elas estão sempre fazendo mudanças, ouvindo o feedback dos usuários e aprimorando suas ofertas. Equipes de plataforma podem manter a relevância e o valor de suas plataformas adotando uma mentalidade de produto. Atualizações regulares, testes de usuário e um forte enfoque na usabilidade e no desempenho fazem parte deste método. Ver a plataforma como um produto também leva as equipes de plataforma a planejar sobre suas ofertas, focando em recursos e melhorias que terão o maior impacto.

Uma experiência positiva do desenvolvedor é crucial para a produtividade e a satisfação no trabalho. A engenharia de plataforma se concentra em criar ferramentas intuitivas, documentação abrangente e serviços de suporte robustos para melhorar a experiência do desenvolvedor. Ao tornar os recursos acessíveis e os fluxos de trabalho eficientes, a engenharia de plataforma ajuda a atrair e reter talentos de ponta, contribuindo para o sucesso a longo prazo.

Uma experiência positiva do desenvolvedor é crucial para a produtividade e a satisfação no trabalho. A engenharia de plataforma se concentra em criar ferramentas intuitivas e eficientes que melhoram a experiência do desenvolvedor. Isso inclui desenvolver interfaces amigáveis, fornecer documentação abrangente e oferecer serviços de suporte robustos. Ao facilitar o acesso dos desenvolvedores aos recursos de que precisam, a engenharia de plataforma ajuda a eliminar frustrações e simplificar fluxos de trabalho. Uma ótima experiência do desenvolvedor não apenas aumenta a produtividade, mas também ajuda a atrair e reter talentos de ponta, essenciais para manter o sucesso a longo prazo.

A engenharia de plataforma depende fortemente da automação. Automatizar tarefas como configuração, supervisão e ajuste ajuda a aumentar a eficiência e minimizar erros humanos na engenharia de plataforma. A automação permite a execução confiável e rápida de processos consistentes e repetíveis. Isso é crucial para manter a confiabilidade e o desempenho elevados, permitindo que os sistemas escalem de forma eficiente e se adaptem às mudanças de maneira dinâmica. Pipelines automatizados podem gerenciar tarefas como integração e implantação de código, permitindo que as equipes se concentrem em tarefas mais valiosas.

Plataformas internas de desenvolvimento (IDPs) desempenham um papel crucial na facilitação da entrega rápida de software. Essas plataformas oferecem um espaço consolidado para desenvolvedores criarem, avaliarem e lançarem aplicativos de maneira rápida e eficaz. As IDPs permitem que os desenvolvedores se concentrem na codificação e lançamento de funcionalidades, simplificando as complexidades do gerenciamento de infraestrutura. Este método eficiente reduz o tempo e o esforço necessários para lançar novos produtos, permitindo que as empresas atendam rapidamente às demandas dos clientes e se adaptem às mudanças do mercado. As IDPs também incentivam a adoção de métodos ótimos e uniformidade ao longo do processo de desenvolvimento, levando a um aumento na eficiência e na qualidade.

As plataformas devem ser escaláveis e flexíveis para acomodar as necessidades mutáveis do negócio. A engenharia de plataforma garante que a infraestrutura possa escalar de forma eficiente e se adaptar a novos requisitos sem retrabalho significativo. Projetar sistemas que lidem com aumento de carga, integrem-se com novas tecnologias e suportem processos em evolução é crucial para manter uma vantagem competitiva.

Monitoramento e observabilidade eficazes são essenciais para manter a saúde e o desempenho da plataforma. A engenharia de plataforma incorpora soluções de monitoramento abrangentes que fornecem insights em tempo real sobre o comportamento e desempenho do sistema. Acompanhar métricas, registrar eventos e configurar alertas para possíveis problemas ajuda as equipes a identificar e resolver problemas rapidamente, garantindo que os serviços permaneçam confiáveis e performantes.

O futuro da engenharia de plataforma será moldado por tendências como o aumento do uso de IA e aprendizado de máquina para automação, maior ênfase na experiência do desenvolvedor e a contínua evolução das tecnologias nativas da nuvem. A engenharia de plataforma continuará a ser essencial para impulsionar a inovação e a eficiência na entrega de software à medida que novas ferramentas e práticas surgirem.

Apesar de seus benefícios, a engenharia de plataforma enfrenta desafios como o gerenciamento da complexidade, a garantia de adoção pelo usuário e a manutenção da plataforma ao longo do tempo. Abordar esses desafios requer uma abordagem estratégica e um compromisso com a melhoria contínua. As organizações devem investir em treinamento e suporte para ajudar as equipes a adotar novas ferramentas e práticas, e também devem priorizar a manutenção regular e as atualizações para manter a plataforma relevante e eficaz.

Ao reconhecer e enfrentar esses desafios, as organizações podem maximizar os benefícios da engenharia de plataforma e evitar armadilhas comuns. Essa abordagem estratégica está alinhada com os princípios descritos em Platform Strategy: Innovation Through Harmonization.[12]

O sucesso da engenharia de plataforma requer adesão a práticas recomendadas, como desenvolvimento iterativo, design centrado no usuário e automação robusta. O desenvolvimento iterativo envolve dividir projetos em partes menores e gerenciáveis e entregá-los de forma incremental. Isso permite que as equipes coletem feedback e façam ajustes rapidamente, garantindo que o produto final atenda às necessidades do usuário. O design centrado no usuário foca na criação de ferramentas e serviços intuitivos e fáceis de usar, melhorando a experiência geral do desenvolvedor. A automação robusta garante que

[12]Hohpe, G. (2024). Platform Strategy: Innovation Through Harmonization. LeanPub.

os processos sejam consistentes, confiáveis e eficientes, reduzindo o potencial de erros e aumentando a produtividade.

Muitas organizações implementaram com sucesso a engenharia de plataforma para transformar seus processos de entrega de software. Por exemplo, uma grande empresa de serviços financeiros acelerou seu tempo de lançamento no mercado e melhorou a qualidade do software ao implantar uma plataforma de entrega ágil. No entanto, nem todas as iniciativas de plataforma têm sucesso. Aprender com falhas é crucial para a melhoria contínua. Armadilhas comuns incluem falta de envolvimento do usuário, planejamento inadequado e investimento insuficiente em manutenção e evolução. Por exemplo, algumas plataformas falham porque não abordam adequadamente as necessidades de seus usuários, levando a baixas taxas de adoção. Outras podem enfrentar dificuldades devido à falta de uma visão clara ou direção estratégica, resultando em prioridades desalinhadas e desperdício de recursos. Ao estudar essas falhas, as empresas podem identificar riscos potenciais e desenvolver estratégias para mitigá-los, garantindo que suas iniciativas de plataforma tenham maior probabilidade de sucesso.

A liderança desempenha um papel fundamental no sucesso das iniciativas de engenharia de plataforma. Líderes eficazes fomentam uma cultura de colaboração, inovação e melhoria contínua. Eles definem uma visão clara, fornecem os recursos necessários e incentivam as equipes a experimentarem e assumirem riscos calculados. A liderança também impulsiona a adoção e o engajamento em toda a organização, para que as iniciativas de engenharia de plataforma estejam alinhadas com os objetivos estratégicos.

A computação em nuvem influenciou significativamente a

engenharia de plataforma. A escalabilidade e flexibilidade oferecidas pelas plataformas de nuvem permitem que as organizações construam e implantem plataformas de forma mais eficiente, impulsionando ciclos de inovação mais rápidos. Os serviços de nuvem fornecem a infraestrutura básica sobre a qual a engenharia de plataforma se baseia, oferecendo recursos sob demanda que podem escalar dinamicamente com base nas necessidades. Essa integração permite que as organizações aproveitem o poder da computação em nuvem para aprimorar suas capacidades de plataforma, proporcionando soluções robustas, escaláveis e econômicas que suportam seus objetivos de negócios.

A engenharia de plataforma representa a próxima fase da transformação digital. Ao construir plataformas robustas e escaláveis, as organizações podem acelerar a entrega de software, melhorar a eficiência e impulsionar a inovação. A jornada requer planejamento estratégico, melhoria contínua e um compromisso em tratar plataformas como produtos. Abraçar os princípios da engenharia de plataforma posiciona as organizações para o sucesso e competitividade a longo prazo na era digital.

Deslocar Segurança para a Esquerda: Confiança Zero

Mover a segurança para o início do processo de desenvolvimento de software é um movimento crítico em direção a medidas de segurança e eficiência geral. No passado, os testes de segurança eram realizados no final do processo de desenvolvimento. O problema é que isso frequentemente resultava na descoberta de problemas de segurança significativos mais tarde, tornando-os caros e demorados para resolver. Deslocar a segurança para a esquerda envolve integrar medidas de segurança cedo e ao longo de todo o processo de desenvolvimento, transformando-a em uma responsabilidade compartilhada por toda a empresa.

Incorporar segurança desde o início, também conhecido como "DevSecOps," envolve fazer da segurança um aspecto essencial do processo de desenvolvimento. Segundo o relatório Dora sobre DevOps, equipes de alto desempenho gastam metade do tempo resolvendo problemas de segurança em comparação com equipes de baixo desempenho, mostrando as vantagens desse método proativo.

Em um processo de desenvolvimento tradicional, tarefas como design, codificação, teste e lançamento são sequenciais. Testes de segurança normalmente ocorrem após o desenvolvimento, frequentemente revelando vulnerabilidades arquitetônicas. Deslocar a segurança para a esquerda envolve identificar e resolver problemas nas etapas de design e desenvolvimento, o que leva a economias de custo e melhora na qualidade do software.

Para efetivamente deslocar a segurança para a esquerda, as equipes de Segurança da Informação precisam ser envolvidas no início do processo de desenvolvimento de software. A Segurança da Informação deve estar envolvida na fase de planejamento de todos os projetos, realizando avaliações de segurança antes do início do desenvolvimento. Essa estratégia proativa pode exigir treinamento adicional para desenvolvedores e maior assistência para as equipes de Segurança da Informação.

Usar ferramentas e bibliotecas pré-aprovadas é um método para incorporar segurança no processo de desenvolvimento. Fornecer aos desenvolvedores recursos verificados pode normalizar o código e simplificar as avaliações de segurança. Testes automatizados de segurança podem desempenhar um papel no pipeline de CI/CD, permitindo vigilância contínua e detecção rápida de vulnerabilidades.

Automatizar testes de segurança no pipeline de CI/CD garante testes contínuos para vulnerabilidades comuns sem intervenção manual. Essa abordagem permite a detecção precoce de problemas, permitindo que os desenvolvedores os corrijam rapidamente e mantenham altos padrões de segurança. Desenvolver esses testes requer esforços iniciais e contínuos para expandir o papel das equipes de Segurança da Informação.

As organizações frequentemente enfrentam alguns desafios comuns ao deslocar a segurança para a esquerda. Problemas comuns incluem colaboração inadequada com as equipes de Segurança da Informação e insuficiência de pessoal para funções de Segurança da Informação. A incorporação tardia de medidas de segurança é outro problema, pois envolver a Segurança da Informação tardiamente no processo pode levar a correções caras e demoradas. Além disso, muitos desenvolvedores não têm conhecimento das ameaças de segurança prevalentes, como as delineadas no OWASP Top Ten, levando a vulnerabilidades evitáveis.

Para enfrentar esses desafios, eu encorajo as organizações a implementar estas melhores práticas para melhorar a qualidade da segurança:

- Realizar regularmente análises de segurança em características importantes ajuda a manter a segurança como uma prioridade.

- Desenvolver bibliotecas de código e ferramentas pré-aprovadas pode simplificar o processo de desenvolvimento e manter padrões de segurança.
- Incorporar avaliações de segurança em todas as etapas do ciclo de vida, desde o design até a implantação, é essencial para garantir um ambiente de desenvolvimento seguro.

Incluir Segurança da Informação em demonstrações de aplicativos também pode ser vantajoso. Essa prática permite que as equipes de segurança detectem vulnerabilidades potenciais nas fases iniciais, proporcionando tempo para remediação antes do lançamento. Ao fomentar uma cultura de conscientização sobre segurança entre todos os membros da equipe, a empresa mitiga fraquezas em todos os processos.

Incorporar segurança no processo de desenvolvimento é o que significa deslocar a segurança para a esquerda. Uma mudança cultural é necessária, na qual todos na equipe assumem a responsabilidade pela segurança e têm a autoridade para abordar preocupações de segurança antes que se tornem um problema. As organizações podem alcançar níveis mais altos de segurança e entregar software mais seguro promovendo a colaboração entre as equipes de desenvolvimento, operações e segurança, em vez de trabalhar isoladamente.

Mas avaliar a eficiência de suas medidas de segurança não pode ser deixado de lado. As organizações devem monitorar métricas como a quantidade de vulnerabilidades descobertas e resolvidas, a duração necessária para resolver problemas de segurança e a frequência de incidentes de segurança. Essas medidas oferecem informações importantes sobre a eficácia dos sistemas de segurança e apontam áreas que requerem melhorias.

Mover-se em direção a uma estratégia de segurança de deslocamento para a esquerda vem com seus desafios, no entanto, as vantagens superam os obstáculos. Empresas que incorporam medidas de segurança no início e ao longo de todo o processo podem diminuir a possibilidade de violações de segurança, diminuir os custos associados à correção de problemas e melhorar a qualidade geral de seu software. Ao adotar estratégias eficazes e promover uma cultura de trabalho em equipe e melhoria contínua, as empresas podem desenvolver uma postura de segurança robusta que contribui para conquistas duradouras.

Reflexões sobre a Parte I

A Parte I deste livro buscou proporcionar um retrato vívido de uma jornada através de cenários fictícios, mas bastante razoáveis. Vimos como nosso amigo Brendon enfrentou e resolveu vários desafios em seu cotidiano empresarial. Brendon elaborou soluções informadas por insights de palestras notáveis e estudos, incluindo Team Topologies, Engenharia de Plataforma, o teste de Brian Marik e outros livros influentes.

Na Parte II, vamos nos aprofundar em arquiteturas recomendadas que fazem a ponte entre objetivos de negócios e decisões arquitetônicas. Esta exploração lhe dará insights acionáveis para alinhar estratégias técnicas com as necessidades de negócios em evolução.

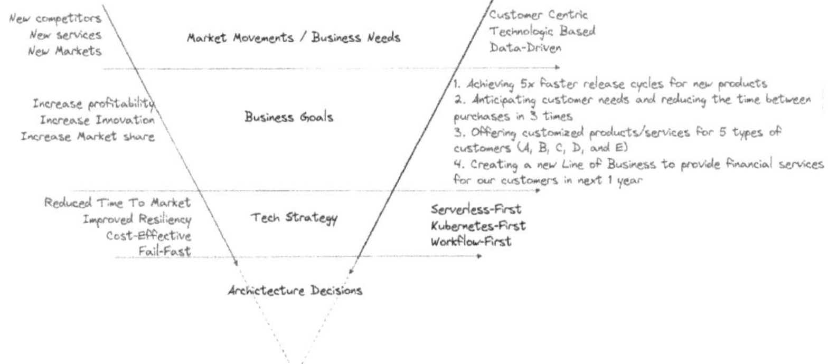

Conclusão

Mal posso esperar para compartilhá-los com você! Espero vê-lo nas próximas páginas!

Parte II – Arquitetura, Construção e Migração para Aplicações Modernas

Capítulo 6 - Falhe Rápido, Aprenda Mais Rápido: A Arte de Começar Novos Projetos

Pequena História 6: O Salto de Brendon na Nova Era

No último ano, os escritórios da ACME.com se tornaram um campo de batalha familiar, com cada dia apresentando um novo desafio. Mas deixe-me ilustrar um dia muito específico, aquele em que a empresa está prestes a dar seu salto mais significativo até agora.

Tudo começou com uma reunião logo cedo. Toda a equipe de liderança estava reunida na sala de reuniões, o ar pesado de expectativa. David Martins acabara de voltar de um retiro estratégico de uma semana e, parecendo energizado, começou:

- "Então, pessoal. Estamos reunidos aqui hoje porque estamos prestes a embarcar em um projeto monumental dentro da ACME.com. O mercado está mudando mais rápido do que nunca, e nossa capacidade de nos adaptarmos rapidamente definirá nosso sucesso.

Diante desses desafios, hoje lançamos dois novos empreendimentos que irão expandir os limites do que a ACME.com pode alcançar."

Remexendo-se na cadeira e suando um pouco, Brendon sentia uma mistura de excitação e temor. Novas linhas de negócio significavam novas responsabilidades, novos riscos e, inevitavelmente, novos fracassos. Mas David Martins não era um homem de fugir de riscos; ao contrário, ele os abraçava, pregava sobre eles, e agora, Brendon era esperado para seguir o exemplo. David continuou:

- "Essas linhas de negócio se concentrarão em duas principais: Serviços Bancários e Comércio Eletrônico como plataforma. Nosso objetivo aqui é aproveitar nosso conhecimento para fornecer: um, uma nova linha de serviços bancários; e dois, uma plataforma de ensino para que nossos clientes possam criar seus próprios negócios de comércio eletrônico com base em nossa expertise. E, claro, há alguns desafios em nosso caminho. Somos capazes de testar ideias rapidamente? Aprender com nossos erros? Mudar de direção rapidamente? Sei que é muito pedir, mas estou confiante de que podemos fazer isso."

Ao término da reunião, Brendon voltou para sua mesa com uma nova tarefa: liderar a transição tecnológica para essas linhas de negócio. Brendon sabia que sempre foi uma mão firme durante incidentes, mas essa tarefa parecia totalmente diferente. Agora, ele devia liderar a mudança, não apenas reagir a ela.

Mais tarde naquele dia, Brendon se encontrou em uma pequena sala de conferências com Sarah e Mark, seus dois líderes técnicos mais confiáveis. Eles estavam lá para discutir a pilha de tecnologia para as novas linhas de negócio, e Brendon sabia que algumas decisões ousadas estavam a caminho.

- "Certo, vamos ao trabalho", disse ele e, tentando soar mais confiante, continuou: "Precisamos falar sobre a arquitetura deste novo produto. David quer velocidade e inovação. Quais são nossas opções?"

Vamos começar por aqui

No mundo em rápida movimentação de hoje, ser rápido é a chave para se manter à frente da concorrência. Empresas que conseguem desenvolver e lançar produtos digitais rapidamente têm uma chance melhor de conquistar mais clientes, acompanhar as tendências e se destacar. Os primeiros a lançar novas funcionalidades ganham vantagens significativas. Isso é especialmente verdadeiro em indústrias que estão sempre mudando devido às novas tecnologias e tendências dos clientes.

Outra grande parte da velocidade na inovação é estar aberto à ideia de falhar rapidamente. Isso significa experimentar novas ideias, produtos e serviços rapidamente e aprender com quaisquer erros sem sofrer grandes perdas. Usando ciclos de feedback rápidos e uma abordagem iterativa, as empresas podem melhorar suas ideias e levar inovações vencedoras ao mercado mais rapidamente.

Abraçar essa mentalidade é fundamental para se manter competitivo e atender às necessidades cada vez mais específicas dos clientes. Empresas que incentivam uma mentalidade de falha rápida criam uma cultura onde as equipes podem experimentar, correr riscos e testar novas ideias sem medo. Ao impulsionar a criatividade e a melhoria contínua, inovações revolucionárias que diferenciam um negócio podem nascer. Livros como "The Lean Startup" de Eric

Ries e "Accelerate" de Nicole Forsgren, Jez Humble e Gene Kim são ótimos recursos sobre a ciência de falhar rapidamente e aprender rapidamente e como isso pode impulsionar a inovação.

Quando se trata de lançar novas linhas de negócio, a velocidade é igualmente importante. Oportunidades podem surgir e desaparecer num piscar de olhos, então empresas que conseguem se adaptar a tempo e introduzir novas linhas de negócio lideram a corrida. Aplicativos modernos e métodos ágeis são ferramentas essenciais, facilitando para as empresas criarem e lançarem novos empreendimentos com alta velocidade, o que significa que podem acessar novas fontes de receita e expandir suas ofertas para atender às necessidades do mercado. Ao testar e validar rapidamente várias ideias de negócios, as empresas aumentam suas chances de encontrar algo que funcione.

Usando o Workflow-First para Acelerar Novos Produtos

Grandes ideias geralmente emergem como água de uma fonte em grandes empresas, e não podemos sempre julgar se estão certas ou erradas. A única coisa que podemos fazer é testá-las, sabendo que muitas podem não funcionar como esperado. Seguindo a lógica corporativa, as empresas devem ser capazes de testar novos modelos de negócios, produtos e serviços rapidamente e, de preferência, a baixo custo. A boa notícia é que, hoje, quase todos os produtos digitais podem ser testados rapidamente e de forma barata ou até mesmo gratuitamente.

Tenha em mente que estratégias como Serverless ou Workflow-First são as melhores escolhas para provar seu ponto de vista e validar teorias de negócios. Se uma prova de conceito (POC) tem poucos usuários no lançamento, você terá menos despesas e pagará muito menos ou até nada. Não ter que gerenciar a infraestrutura ajuda não apenas na criação, mas também na manutenção de uma visão clara de ponta a ponta do design do sistema, focando primeiro nas regras de negócios antes de considerar a manutenção da infraestrutura.

Para implementar efetivamente uma estratégia de Workflow-First, comece definindo claramente o fluxo de trabalho. No processamento de pedidos, por exemplo, o fluxo de trabalho envolve coletar os detalhes do pedido do cliente, validar as informações do cliente (incluindo endereço e detalhes de pagamento), garantir a) disponibilidade do produto, b) processar o pagamento com segurança e, finalmente, c) enviar uma confirmação de pedido para o cliente. Estas etapas claramente definidas ajudam na automação e otimização de todo o processo.

Com AWS Step Functions, podemos automatizar o fluxo de trabalho de processamento de pedidos com uma máquina de estados que irá: coletar informações do pedido, verificar informações do cliente, verificar disponibilidade do produto (com ramificação baseada na disponibilidade), processar o pagamento se os produtos estiverem disponíveis e lidar com casos em que os produtos estão fora de estoque. Executando etapas em sequência, o AWS Step Functions proporciona uma experiência contínua para o cliente e um processamento eficiente para qualquer negócio.

Incrível, não é? Usando essa poderosa ferramenta, as empresas podem vincular diferentes serviços e bancos de dados, automatizar tarefas e garantir que tudo funcione junto sem problemas. Essa abordagem é especialmente útil para criar pequenos testes, chamados provas de conceito (POCs), para ver se uma ideia realmente funciona antes de gastar muito dinheiro com ela.

De acordo com um estudo da Deloitte, "Empresas que adotam uma abordagem de Workflow-First podem reduzir o tempo de lançamento no mercado em até 50% e aumentar a eficiência operacional em até 30%." Isso destaca os benefícios significativos do uso de ferramentas de automação de fluxo de trabalho como AWS Step Functions para prototipagem rápida e teste de novos produtos e serviços.

Vantagens de Usar AWS Step Functions

1. **Prototipagem e Teste Rápidos** - Step Functions facilitam a configuração e execução de fluxos de trabalho rapidamente. As empresas podem testar novas ideias rapidamente, fazer alterações com base no feedback e melhorar seus produtos usando dados reais. De acordo com um estudo de caso da AWS, uma empresa de serviços financeiros conseguiu reduzir seu tempo de lançamento no mercado para novos produtos em 75% usando a ferramenta.
2. **Economia de Custos** - Automatizar fluxos de trabalho e usar serviços pay-as-you-go resulta em economia de custos. Essas ferramentas ajustam recursos com base na demanda, mantendo os custos baixos durante as fases iniciais de testes, quando a atividade do usuário é baixa. Um estudo da Forrester descobriu que empresas que usam arquiteturas serverless como Step Functions podem reduzir os custos de infraestrutura em até 60%.
3. **Integração Fácil** - Step Functions podem conectar a múltiplos bancos de dados e chamar APIs legadas, facilitando a integração

de diferentes fontes de dados. Isso é crucial para criar produtos detalhados e orientados por dados. Por exemplo, uma empresa pode combinar dados de clientes, compras recentes e hábitos de navegação para criar promoções personalizadas. De acordo com um relatório da McKinsey, empresas que aproveitam dados e IA para personalização podem aumentar a receita em até 15%.

4. **Flexibilidade de Negócios** - Com Step Functions, as empresas podem se ajustar rapidamente às condições de mercado em mudança. Fluxos de trabalho automatizados podem ser facilmente alterados e implantados, para que as empresas possam mudar suas estratégias e responder a novas oportunidades ou desafios rapidamente. Um estudo da Harvard Business Review descobriu que empresas com alta agilidade nos negócios superam seus concorrentes em até 30% em termos de lucratividade.

Exemplo - Criando um novo Sistema de Avaliação de Risco para Empréstimos

Imagine um negócio que precisa criar um sistema para avaliar o risco ao decidir conceder empréstimos ou fornecer seguro de saúde. Aproveitando a inteligência artificial, aprendizado de máquina e vários pontos de dados, um sistema pode avaliar com precisão o risco associado a cada candidato.

A arquitetura integraria serviços AWS como Amazon BedRock, AWS Step Functions e AWS Lambda para automatizar e calcular eficientemente o nível de risco para empréstimos. Este sistema também analisaria dados financeiros dos usuários, dados de saúde e outros indicadores de risco em tempo real, ajudando as empresas a tomar decisões mais informadas.

Ainda neste cenário, vamos imaginar quais seriam os passos para construir um sistema capaz de determinar se alguém deve receber um empréstimo. Primeiro de tudo, devemos nos conectar a sistemas legados e serviços externos e reunir os dados necessários para tomar uma boa decisão.

Resumo dos Serviços AWS Amazon API Gateway - Gerencia a entrada do usuário e conecta a serviços externos via APIs. **AWS Step Functions** - Orquestra todo o fluxo de trabalho de avaliação de risco, garantindo que cada etapa, desde a recuperação de dados até a decisão final, ocorra sem problemas. **AWS Lambda** - Integra-se com sistemas legados, consulta bancos de dados internos e externos, consolida dados e interage com APIs externas. **Amazon DynamoDB / Amazon RDS** - Usado para armazenar e recuperar dados financeiros internos e histórico de emprego. **Amazon Bedrock** - Fornece modelos de fundação pré-construídos para analisar os dados financeiros, de crédito e de emprego do candidato para prever o risco de empréstimo sem precisar treinar modelos personalizados.

Agora, vamos nos aprofundar e ver através de um cronograma estimado de design de arquitetura.

Componentes de Arquitetura para Cálculo de Risco de Empréstimo (com Amazon Bedrock)

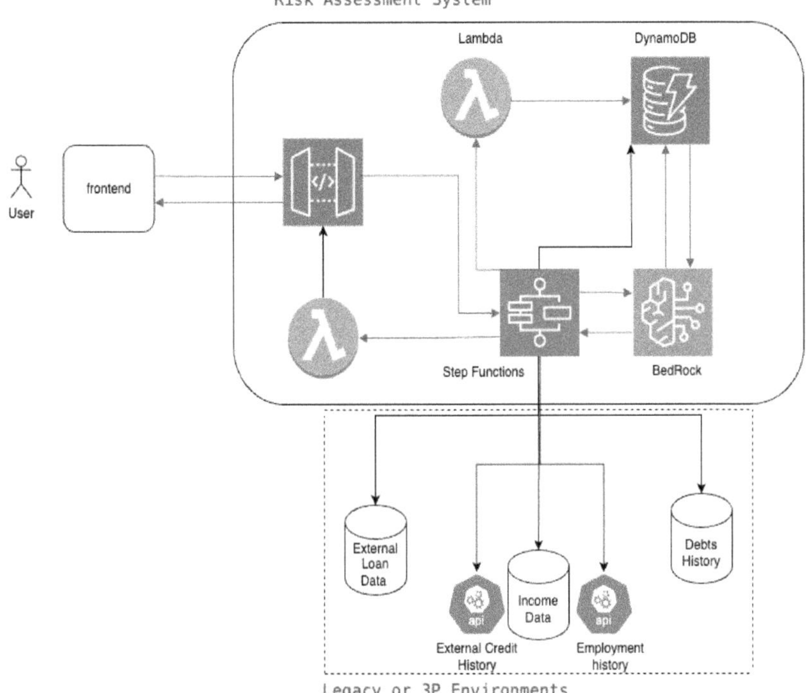

Sistema de Avaliação de Risco

1. **Entrada de Dados do Usuário**:

- **Envio de Aplicação do Usuário** - Os usuários enviam suas aplicações de empréstimo, que incluem detalhes pessoais e financeiros, como renda, dívidas e histórico de emprego.
- **Amazon API Gateway** lida com a entrada, roteando os dados de forma segura para o sistema. O API Gateway garante que

os dados sejam processados e funciona como a interface entre sistemas externos e o ambiente AWS.

2. **Início do Fluxo de Trabalho**:

- Assim que os dados do usuário são recebidos, eles acionam o fluxo de trabalho de avaliação de risco, que é orquestrado pelo AWS Step Functions.
- **AWS Step Functions** garante que cada parte do processo aconteça em sequência, coordenando com outros serviços AWS e externos para coletar os dados necessários.

3. **Recuperação e Processamento de Dados**:

- **AWS Step Functions** coordena a coleta de dados de várias fontes, tanto internas quanto externas:
- **Banco de Dados Financeiro Legado** - O Step Functions pode se conectar a bancos de dados e sistemas legados via APIs. Esta abordagem é usada para conectar a infraestrutura moderna da AWS com bancos de dados mais antigos, permitindo que obtenhamos registros financeiros e de empréstimos dos clientes.
- **Amazon DynamoDB** - Este banco de dados gerenciado pela AWS pode ser usado para armazenar informações financeiras, como registros de crédito e empréstimos internos.
- **AWS Lambda** consulta esses bancos de dados para recuperar dados relevantes dos candidatos.
- **Dados de Emprego** - Os registros de emprego são recuperados, seja de sistemas internos (DynamoDB ou RDS) ou de fontes externas usando o Amazon API Gateway para chamadas de API.

- **Serviços de Terceiros** - O Amazon API Gateway chama com segurança APIs externas (como serviços de classificação de crédito ou sistemas de verificação de emprego) para obter informações mais detalhadas e atualizadas sobre o candidato.
- Em seguida, o AWS Lambda consolidará cada etapa realizada, organizando os dados e preparando-os para análise posterior em um formato estruturado.

4. **Avaliação de Risco**: Uma vez coletados, os dados são enviados para o Amazon Bedrock para análise de risco.

- **Amazon Bedrock** fornece acesso a modelos de fundação pré-treinados (como grandes modelos de linguagem) que podem analisar os registros financeiros e pessoais do candidato, avaliando padrões e prevendo a probabilidade de inadimplência de um empréstimo. Isso permite que as empresas usem capacidades poderosas de IA sem a necessidade de construir ou treinar modelos do zero.
- **AWS Step Functions** facilita a transferência de dados para o Amazon Bedrock, onde os modelos de fundação avaliam o histórico de crédito, estabilidade financeira, emprego e outros registros relevantes para produzir uma pontuação de risco ou previsão.

5. **Geração de Pontuação de Risco**: Após a análise ser concluída, o Amazon Bedrock gera uma pontuação de risco com base na avaliação. Essa pontuação pode ser um valor numérico simples (por exemplo, 1-100) ou uma classificação (por exemplo, Baixo/Médio/Alto risco).

- **AWS Step Functions** recebe a pontuação de risco e a encaminha para o sistema de tomada de decisão, que pode ser hospedado no Amazon EC2, AWS Lambda ou outros recursos AWS. Com base em regras de negócios predefinidas, o sistema decide então se aprova ou nega o empréstimo.

Ao aproveitar este sistema, as empresas podem:

- Automatizar o processo de cálculo de risco para empréstimos financeiros ou seguros de saúde.
- Usar IA/ML para fornecer decisões mais precisas e baseadas em dados.
- Integrar-se com sistemas legados via chamadas de API, garantindo uma avaliação de risco abrangente.

Este sistema não apenas agiliza a tomada de decisões, mas também oferece a capacidade de personalizar regras e modelos de avaliação de risco, garantindo alinhamento com políticas da empresa e requisitos regulatórios.

De acordo com um relatório da Gartner, "Até 2025, 70% dos novos aplicativos serão construídos usando tecnologias de baixo ou nenhum código, em comparação com 25% em 2020." Esta tendência destaca a crescente importância de ferramentas como o Step Functions que permitem o rápido desenvolvimento e integração de aplicativos sem codificação extensa.

Conectando Novas Ideias usando EDA

Trazer novos produtos, serviços e ideias para sistemas legados é um grande desafio para muitas empresas. Eles frequentemente representam grandes investimentos e são uma parte chave da operação de uma empresa. Uma solução forte para conectar aplicativos modernos com esses sistemas mais antigos é a chamada Arquitetura Orientada a Eventos (EDA).

A dívida técnica em sistemas legados frequentemente desacelera a inovação e complica o desenvolvimento de novas funcionalidades. Ao adotar a EDA, as empresas podem gradualmente reduzir sua dependência de sistemas mais antigos, tornando mais fácil mantê-los e atualizá-los ao longo do tempo. Essa mudança permite que as equipes de desenvolvimento se concentrem na inovação em vez de manter código desatualizado, levando a ciclos de desenvolvimento de produtos mais rápidos. Nesta seção, veremos como a EDA pode ajudar as empresas a criar novos valores e paradigmas e suas PRINCIPAIS MELHORIAS.

Primeiro ponto a ser mencionado é: quando separamos os produtores de eventos dos consumidores, os sistemas contarão com uma CONFIABILIDADE MAIS FORTE. Cada parte pode funcionar de forma independente, aumentando a tolerância a falhas. Isso significa que, se uma parte falhar, o sistema inteiro não será comprometido. Essa separação também é benéfica; melhora a escalabilidade, garantindo que as aplicações possam lidar com demandas variadas sem perder desempenho.

Essencial para empresas que precisam inovar e acompanhar as mudanças do mercado, a FLEXIBILIDADE é outro grande benefício nesse caso. Novos consumidores de eventos podem ser adicionados sem modificar os produtores existentes, permitindo que novas funções sejam rapidamente integradas; e novos serviços podem ser adicionados com mínima interrupção, incentivando uma inovação mais rápida.

Essas são todas melhorias significativas para as equipes de desenvolvimento, que agora podem trabalhar de forma mais independente e com menos supervisão. Como você deve saber, ter EQUIPES INDEPENDENTES E BEM INTEGRADAS acelera o desenvolvimento e a implantação de novas funcionalidades, características críticas para se manter competitivo nos ambientes de mercado atuais.

Sistemas orientados a eventos também permitem o PROCESSAMENTO DE DADOS EM TEMPO REAL, o que significa que os eventos são tratados à medida que ocorrem (trocar um pneu furado enquanto o carro ainda está em movimento? Mais ou menos...). Esse recurso é especialmente útil para empresas que dependem de informações oportunas para tomar decisões e oferecer serviços responsivos. Em serviços financeiros, por exemplo, o processamento de eventos em tempo real pode possibilitar a detecção instantânea de fraudes, melhorando a segurança e construindo a confiança do cliente. No varejo, atualizações de inventário em tempo real aumentam a eficiência da cadeia de suprimentos, garantindo níveis de estoque precisos em todos os canais.

Outra vantagem da arquitetura orientada a eventos é sua excelente INTEGRAÇÃO COM MICROSSERVIÇOS. Microsserviços podem se comunicar de forma assíncrona por meio de eventos, facilitando o desenvolvimento e a implantação de novos que interagem com sistemas legados. Cada microsserviço pode ser construído, testado e implantado de forma independente, o que aumenta a flexibilidade e a escalabilidade, enquanto garante a estabilidade do sistema. Aplicações construídas com essa arquitetura são MAIS RESPONSIVAS E CONFIÁVEIS, o que melhora diretamente a experiência do usuário.

Em uma plataforma de e-commerce, por exemplo, ações como fazer pedidos, atualizar perfis de clientes ou processar pagamentos acontecem de forma suave, sem atraso. Essa capacidade de resposta é fundamental para manter a satisfação e fidelidade do cliente. Além disso, é possível fornecer notificações personalizadas e em tempo real com base nas ações do usuário, oferecendo informações oportunas e relevantes.

Muitas empresas estão migrando sistemas legados para a nuvem para ganhar escalabilidade, flexibilidade e economias de custo, e a arquitetura orientada a eventos simplifica essa transição ao fornecer uma maneira de integrar sistemas locais com aplicativos nativos da nuvem. Eventos gerados por sistemas legados podem ser consumidos por serviços em nuvem, criando um sistema híbrido que aproveita as forças de ambos os ambientes. O que você verá é um processo de migração mais suave, com sistemas legados continuando a entregar valor em paralelo com os novos baseados na nuvem.

Para empresas que exigem disponibilidade contínua, a resiliência operacional é crítica. A arquitetura orientada a eventos melhora a resiliência ao garantir que os eventos sejam processados independentemente de seus sistemas de origem. Esse desacoplamento significa que, se uma parte do sistema falhar, o restante pode continuar operando. Por exemplo, se um serviço de processamento de pagamentos cair, outros serviços como gerenciamento de pedidos e notificações ao cliente podem continuar funcionando sem interrupção. Essa resiliência é vital para manter a continuidade dos negócios e garantir uma experiência de usuário suave.

O monitoramento de eventos em tempo real também apoia estratégias de manutenção preditiva e proativa. Ao analisar eventos de diferentes partes de um sistema, é possível identificar padrões e prever possíveis problemas antes que eles se agravem. Na manufatura, por exemplo, sensores podem gerar eventos sobre o desempenho do equipamento, que podem ser analisados para agendar a manutenção antes que os problemas surjam. Essa abordagem reduz o tempo de inatividade, prolonga a vida útil do equipamento e aumenta a eficiência geral.

A seguir, mergulharemos mais fundo em casos de duas empresas que aproveitam os benefícios de soluções serverless e arquitetura orientada a eventos.

Estudo de Caso - UOL Compass CryptoBikes

Vamos explorar o caso do CryptoBikes[1], um aplicativo que transforma passeios de bicicleta em NFTs, desenvolvido pela Compass UOL. Disponível em Android e iOS, o CryptoBikes também inclui um site e serviços de suporte desenvolvidos com tecnologia em nuvem, APIs, microsserviços e conectores de Blockchain Network. Aqui está um resumo do que se trata, de acordo com sua página:

CryptoBikes reúne o amor pelo ciclismo, natureza, NFTs, criptografia e, claro, café, em uma comunidade de ciclismo apoiada por NFTs, a primeira do mundo. Nosso projeto começou no auge do boom dos NFTs em meados de 2021 como um projeto tradicional de arte NFT – bicicletas legais com uma comunidade legal. Quando 2021 chegou ao fim, o mercado exigiu que os NFTs tivessem mais utilidade

[1]Caso da Uol Compass: https://youtu.be/2tb2CJJdJ5E?si=HUgq5qo2JpYFyFsk

e as pessoas queriam mais do que um projeto de arte. Nossa resposta: o lançamento do nosso jogo Race4Rewards (beta) em fevereiro de 2022, onde você pode andar de bicicleta na vida real e ganhar prêmios semanais. Então, como você pode ver, o projeto trata de recompensar ciclistas com quatro tipos de NFTs com base na distância percorrida, celebrando diferentes biomas ambientais. Os usuários podem baixar o aplicativo gratuitamente e devem sincronizá-lo com a plataforma Strava, que rastreia detalhes como elevação, tempo, distância e calorias queimadas. Essa sincronização permite que o CryptoBike monitore as atividades de ciclismo dos usuários e crie NFTs na blockchain com estatísticas personalizadas.

Desenvolvido com o apoio da agência de publicidade brasileira GUT São Paulo, o CryptoBikes incentiva o uso de bicicletas como meio de transporte e posiciona a Compass UOL como líder em tecnologia disruptiva. Murilo Melo, ECD da GUT São Paulo, enfatiza que o projeto visa gerar conversas sobre NFTs, criptomoedas e seu impacto ambiental.

Alexis Rockenbach, CEO da Compass UOL, explica que o CryptoBikes propõe uma solução sustentável para as preocupações com o consumo de energia associado aos NFTs, incentivando o uso de fontes de energia renováveis. O projeto destaca os ganhos coletivos da adoção de bicicletas em vez de carros, promovendo muitos benefícios ambientais.

O CryptoBikes foi desenvolvido inteiramente pela Compass UOL com o apoio criativo da GUT, e o aplicativo já está disponível no Brasil, Estados Unidos e Europa, com potencial para expansão para outras regiões. O desenvolvimento do aplicativo foi notavelmente rápido, levando apenas 45 dias, um feito possibilitado pelo uso de tecnologias serverless. O uso da arquitetura serverless permitiu um desenvolvimento rápido, escalabilidade e implantação sem a sobrecarga de gerenciamento de infraestrutura, o que teria sido desafiador com tecnologias tradicionais.

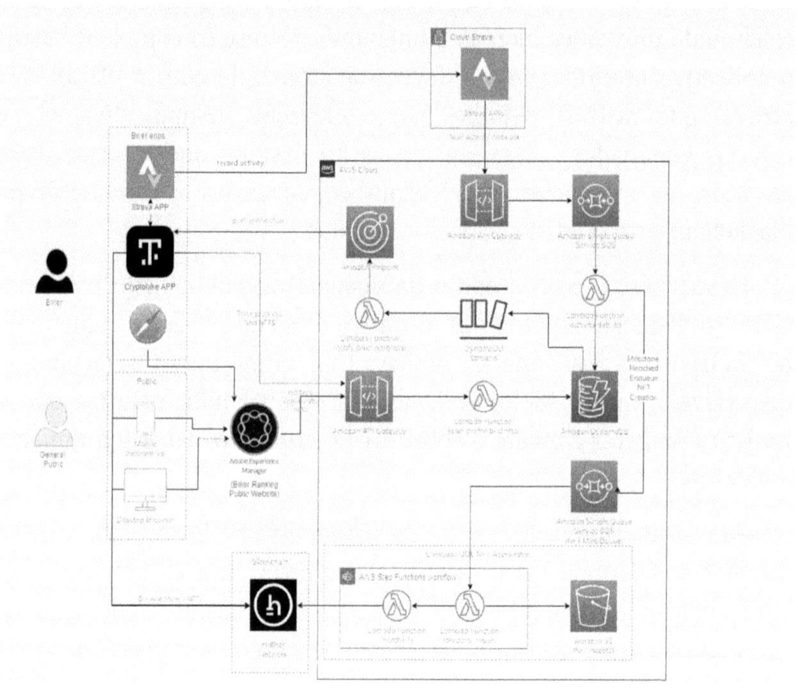

A arquitetura do CryptoBike

A arquitetura do CryptoBikes inclui vários componentes integrados de maneira harmoniosa para proporcionar uma experiência suave ao usuário. Aqui estão os componentes principais:

1. **Integração com Strava** - As APIs do Strava enviam dados de

atividades e credenciais de usuários, acionando notificações e processamento de dados.

2. **Serviços em Nuvem da AWS** - Funções Lambda lidam com endpoints de webhook, atualizações de perfil de usuário, verificação de atividades, progresso de marcos, criação de NFTs e notificações.
3. **Armazenamento de Dados** - O Amazon DynamoDB armazena perfis de usuários e atividades, enquanto o Amazon S3 gerencia o armazenamento de imagens.
4. **Integração com Blockchain** - O aplicativo cunha NFTs usando tecnologia blockchain, vinculando tokens não fungíveis a estatísticas do usuário.
5. **Gestão de Eventos** - O Amazon EventBridge e o Amazon Simple Queue Service gerenciam fluxos de trabalho e processamento de dados orientados por eventos.
6. **Serviços Adicionais** - O Adobe Experience Manager, Quantum Ledger Database e Amazon Pinpoint fornecem suporte para gerenciamento de conteúdo web, registros em blockchain e engajamento de usuários, respectivamente.

Essa abordagem serverless-first não apenas acelerou o processo de desenvolvimento, mas também se mostrou vantajosa quando a Compass UOL decidiu desativar o CryptoBikes entre 2022 e 2023. A flexibilidade e a eficiência de custos da arquitetura serverless facilitaram a desativação do projeto sem incorrer em custos significativos ou problemas de gerenciamento de recursos. Isso foi possível porque as tecnologias serverless permitem que as empresas encerrem rapidamente projetos sem o ônus de manter infraestrutura ociosa, permitindo que pivotem e iniciem novas iniciativas de maneira eficiente.

O CryptoBikes exemplifica muito bem os benefícios de uma abordagem serverless-first no desenvolvimento e gerenciamento de aplicativos inovadores, demonstrando tanto desenvolvimento rápido quanto gestão de projetos econômica.

Estudo de Caso - Arquitetura Serverless Orientada a Eventos da Lego

A transição da Lego de um sistema tradicional, monolítico, para uma arquitetura serverless na AWS[2] é um exemplo claro de como as tecnologias modernas podem ajudar as empresas a escalar enquanto mantêm a estabilidade durante períodos de pico. A loja online da Lego costumava rodar no Oracle ATG, um grande sistema all-in-one hospedado em seus próprios servidores. Durante a Black Friday de 2017, incapaz de lidar com o aumento repentino de visitantes ao site, o sistema travou, principalmente devido ao acoplamento estreito de diferentes partes do sistema. Quando uma parte falhava, como o sistema de impostos, todo o site caía. Isso fez a Lego perceber as fraquezas de seu sistema e sentir a necessidade de uma grande mudança. Os serviços da AWS forneceram a solução.

E assim, a Lego reconstruiu todo o seu sistema. A computação serverless permitiu que a empresa executasse seu código sem se preocupar com o gerenciamento de servidores. Com o AWS Lambda, seu novo sistema poderia crescer automaticamente para lidar com aumentos de tráfego, evitando falhas futuras.

---

[2]Caso da Uol Compass: https://youtu.be/2tb2CJJdJ5E?si=HUgq5qo2JpYFyFsk

A nova configuração utilizou vários serviços chave da AWS:

1. **AWS Lambda** - Esse serviço executa código em resposta a certos eventos, como ações de usuários no site. O Lambda escala automaticamente para atender à demanda, significando que a equipe da Lego não precisava ajustar manualmente seus servidores para lidar com mais tráfego.
2. **Amazon API Gateway** - O API Gateway gerenciava todas as requisições recebidas do site e aplicativos móveis, enviando-as para os serviços de backend corretos. Isso simplificou o funcionamento do sistema da Lego e tornou mais fácil o controle de tráfego.
3. **Amazon EventBridge** - O EventBridge é usado para rotear eventos entre diferentes partes do sistema. Ele atua como um hub central, enviando dados de eventos (como pedidos de clientes ou atualizações de pagamento) para o serviço correto. Isso tornou o sistema da Lego muito mais flexível e escalável.
4. **DynamoDB** - A Lego usou o DynamoDB como seu banco de dados principal para armazenar informações de clientes e status de pedidos. O modo sob demanda do DynamoDB ajusta automaticamente sua capacidade com base no tráfego, garantindo que ele possa lidar com períodos movimentados sem intervenção manual.
5. **SQS (Serviço de Fila Simples)** - O SQS ajudou a gerenciar tarefas em segundo plano que não precisavam ser tratadas imediatamente, como processamento de pedidos ou atualização de informações de produtos. Isso permitiu que o sistema da Lego processasse essas tarefas sem sobrecarregar o restante do backend.

6. **Step Functions** - As Step Functions ajudaram a Lego a coordenar e automatizar fluxos de trabalho complexos, como gerar sitemaps diários ou gerenciar o processo de checkout. Isso facilitou o manuseio de tarefas que envolviam múltiplas etapas ou serviços.

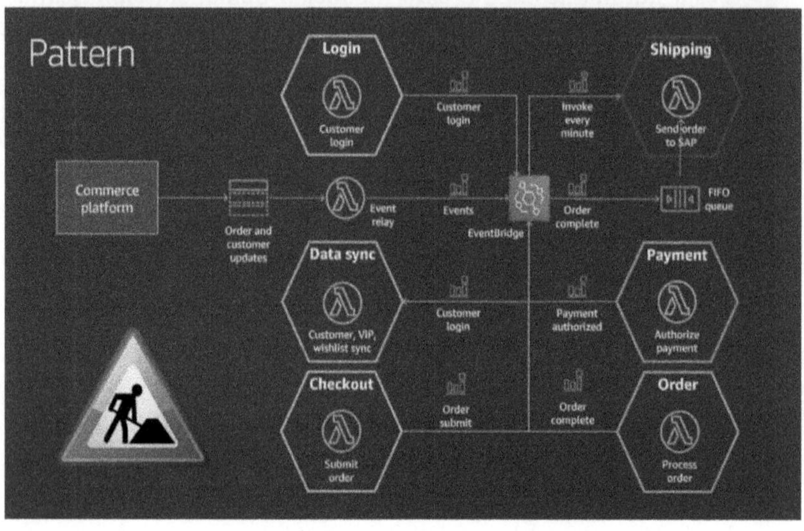

Arquitetura de E-commerce Serverless da Lego

Casos de Uso Principais e Padrões Técnicos

Mas a mudança da Lego para uma arquitetura serverless não foi apenas sobre mudar servidores; também envolveu repensar como tarefas específicas, como processar pedidos de clientes ou sincronizar dados, poderiam ser tratadas de maneira mais escalável e eficiente. Ao fragmentar seu antigo sistema monolítico em partes menores, eles conseguiram usar ferramentas serverless para gerenciar melhor essas tarefas. O resultado foi um sistema mais rápido e fácil de gerenciar, que também permitiu à Lego melhorar sua funcionalidade, especialmente durante períodos de alta demanda como a Black Friday.

A Lego pôde então adotar padrões técnicos para lidar com uma ampla gama de desafios. Aplicando soluções específicas, como o processamento de pedidos e gerenciamento de dados de clientes, o sistema tornou-se mais confiável quando o tráfego era alto. Aqui estão alguns exemplos chave de como a empresa utilizou tecnologia serverless e os padrões técnicos que os ajudaram.

1. **Processamento de Checkout e Pagamento** - A Lego usou o AWS Lambda para lidar com o processo de checkout. Quando um cliente fazia um pedido, diferentes serviços eram acionados para processar o pagamento e atualizar o pedido. Essa abordagem orientada por eventos permitiu que o sistema de checkout escalasse facilmente e permanecesse estável mesmo durante alto tráfego.
2. **Gestão de Pedidos com CQRS (Segregação de Responsabilidade de Comando e Consulta)** - Para gerenciar pedidos, a Lego utilizou o padrão CQRS, que separa comandos (como fazer um pedido) de consultas (como verificar o status do pedido). Essa abordagem melhorou o desempenho ao dividir operações de leitura e escrita.
3. **Sincronização de Dados de Clientes** - Em vez de migrar todos os dados dos clientes de uma vez, a Lego apenas movia dados quando necessário. Quando um cliente fazia login, seus dados eram buscados do antigo sistema e sincronizados em tempo real usando Lambda.
4. **S3 e Lambda para Feeds de Catálogo** - A Lego usou o Amazon S3 para armazenar atualizações de produtos de seus sistemas

mais antigos. Funções Lambda eram acionadas cada vez que novos dados de produtos eram carregados, transformando-os no formato correto e processando-os através de filas.

Por que Serverless?

A decisão da Lego de usar tecnologia serverless surgiu da necessidade de seu sistema se ajustar dinamicamente às flutuações no tráfego. A arquitetura serverless é projetada para escalar automaticamente com base na demanda do usuário, tornando-se uma solução ideal para a loja online da Lego, que experimenta picos significativos de tráfego durante eventos como a Black Friday. Isso eliminou a necessidade de ajustar manualmente a capacidade do servidor, pois o sistema escalaria automaticamente.

Outra razão chave pela qual a Lego optou por serverless foi simplificar a gestão de sua infraestrutura. Em configurações tradicionais, os desenvolvedores são responsáveis por manter servidores – lidando com tarefas como solução de problemas, aplicação de patches e escalonamento de recursos conforme necessário. Com a computação serverless, a AWS gerencia a infraestrutura, liberando a equipe da Lego para se concentrar em aprimorar o site e introduzir novos recursos para os clientes, em vez de gastar tempo gerenciando servidores.

A eficiência de custos também foi uma consideração importante. Com o AWS Lambda, a Lego só paga pela potência de computação que usa. Durante períodos de baixo tráfego, eles evitam custos desnecessários, enquanto durante os horários de pico, o sistema escala automaticamente para atender à demanda. Essa abordagem economiza dinheiro para a Lego enquanto garante que seu site possa lidar com grandes eventos de compras sem problemas de desempenho.

A mudança da Lego para serverless trouxe vários benefícios críticos:

- **Escalabilidade** - O AWS Lambda cresce automaticamente para atender à demanda, o que significa que o site da Lego pode lidar com períodos movimentados como a Black Friday sem nenhuma mudança manual.
- **Eficiência de Custos** - Com o Lambda, a Lego só paga pelo tempo em que seu código está em execução, reduzindo custos ao não pagar por servidores ociosos.
- **Resiliência** - Como diferentes partes do sistema são separadas, uma falha em uma área (como o sistema de impostos) não derruba todo o site.
- **Desenvolvimento Rápido** - Serverless reduz o tempo e o esforço necessários para gerenciar servidores, permitindo que os desenvolvedores da Lego se concentrem em criar novos recursos e melhorar a experiência do usuário.
- **Elasticidade** - O AWS Lambda escala automaticamente com base no tráfego, então a Lego nunca precisa se preocupar em ajustar manualmente a capacidade do servidor.
- **Menos Complexidade** - A computação serverless elimina a necessidade de gerenciar infraestrutura, permitindo que a Lego se concentre em seu site e nas necessidades de negócios.
- **Flexibilidade Orientada por Eventos** - Usando serviços como EventBridge e SQS, a Lego pôde desacoplar diferentes partes de seu sistema. Isso permitiu que adicionassem novos recursos sem quebrar serviços existentes.

Lições Aprendidas e Melhores Práticas

A mudança para o modelo Serverless exigiu que a Lego repensasse sua abordagem para projetar e testar seu sistema. Em vez de se concentrar na gestão de servidores, eles precisaram priorizar a automação de processos, garantir que o sistema pudesse escalar conforme necessário e manter a simplicidade. A experiência da Lego com o modelo Serverless oferece lições úteis para empresas que consideram uma transição semelhante. Uma lição importante para a Lego foi a importância de começar pequeno ao adotar o modelo Serverless. Eles começaram com projetos críticos, mas gerenciáveis, como integrar seu sistema de impostos com sua plataforma de comércio eletrônico. Ao começar em uma escala menor, puderam implementar mudanças com risco mínimo, enquanto ainda experimentavam as vantagens da tecnologia Serverless.

1. **Comece Pequeno, mas Crítico** - O primeiro caso de uso da Lego para o modelo Serverless foi a integração do seu sistema de impostos com a plataforma de comércio eletrônico. Embora fosse uma mudança de pequena escala, foi crucial. Eles usaram flags de recurso para controlar a implementação e mitigar riscos.
2. **Automatize o Teste de Integração** - A Lego destacou a importância de testar minuciosamente como os componentes do sistema interagem. Eles usaram contas de teste da AWS para testar automaticamente seus serviços como S3 e DynamoDB, garantindo operação suave antes de entrar em produção.
3. **Uso de Flags de Recurso** - As flags de recurso deram à Lego a flexibilidade de controlar quando novos recursos eram habilitados ou desabilitados, o que se mostrou especialmente útil durante períodos de alto tráfego como a Black Friday.
4. **Aproveite os Serviços Gerenciados da AWS** - Ao depender de serviços gerenciados como API Gateway, Lambda e DynamoDB,

a Lego reduziu significativamente o tempo e o custo associados à manutenção da infraestrutura, permitindo que sua equipe se concentrasse no rápido desenvolvimento de novos recursos.

O caso da Lego mostra o quão poderosas as tecnologias modernas de nuvem podem ser. Usando serviços da AWS como Lambda, EventBridge e DynamoDB, a empresa construiu um sistema que escala automaticamente, permanece estável durante períodos de alto tráfego e permite um rápido desenvolvimento. Essa transformação ajudou a Lego a melhorar suas operações de comércio eletrônico e a permanecer competitiva.

Capítulo 7 - Big Data, Grande Potencial: Melhorando Seu Processamento de Dados Pesados

Pequena História 7: Mergulhando no Processamento de Dados Pesados

Após meses experimentando novas ideias, a equipe de liderança da ACME.com apresentou o desafio de negócios definitivo: tornar os sistemas de processamento de dados da empresa mais rápidos, mais responsivos e econômicos. Foi uma jogada ousada e, como de costume, Brendon estava bem no meio disso.

Na última reunião, David atribuiu a Brendon outra grande tarefa: trazer o processamento de dados legados da ACME.com para a era moderna. O sistema de processamento em lote atual funcionava, mas era muito lento, e os clientes estavam começando a perceber. Com concorrentes oferecendo atualizações em tempo real e transações mais rápidas, a ACME.com precisava alcançar.

Brendon reuniu Sarah, Mark e alguns outros colegas na sala de guerra da empresa. Os quadros brancos estavam cobertos de diagramas, gráficos e anotações das sessões anteriores. Hoje, eles decidiriam como fazer a transição para uma arquitetura mais moderna, orientada a eventos.

- "Certo, equipe", Brendon começou. "Fomos encarregados de modernizar nosso processamento de dados. O objetivo é se afastar dos antigos processos em lote e mudar para o tempo real. Devo enfatizar que isso não é apenas sobre velocidade, é sobre atender às expectativas dos usuários. Alguma ideia?"

Sarah imediatamente começou a desenhar no quadro branco.

- "Bem, acho que devemos dividir nossos sistemas em componentes menores e mais flexíveis que possam escalar automaticamente. Serviços da AWS como Lambda para processamento orientado a eventos e Kinesis para fluxos de dados em tempo real poderiam ser ideais."

Mark interveio.

- "Concordo. Devemos também considerar o uso de Kubernetes, especialmente EKS, para as cargas de dados maiores. Isso nos dará a flexibilidade de gerenciar tarefas de processamento em grande escala, especialmente à medida que nosso volume de dados cresce."

Brendon assentiu pensativamente, considerando suas sugestões:

- "Gosto da direção que estamos seguindo", ele disse, "mas precisamos estar atentos aos custos. O processamento em tempo real parece ótimo, mas não seria caro?"

Com isso, a equipe voltou ao brainstorming, esboçando a

arquitetura que impulsionaria o futuro da ACME.com. Eles sabiam que o caminho à frente não seria fácil, mas com as ferramentas e abordagens certas, estavam confiantes de que poderiam trazer o processamento de dados da empresa para a era moderna – rápido, responsivo e econômico.

EDA: Como Você Pode Aproveitar a Arquitetura Orientada a Eventos (EDA - Event-Driven Architecture) para Processamento Online?

Baseando-se nos princípios do Capítulo 6, onde discutimos prototipagem rápida e desenvolvimento iterativo usando estratégias de Workflow-First e Serverless, este capítulo foca em como a Arquitetura Orientada a Eventos (EDA) pode revolucionar sua abordagem ao processamento de transações online. É tudo sobre tornar seus sistemas não apenas responsivos, mas verdadeiramente proativos, lidando com dados em tempo real à medida que os eventos ocorrem. Mais do que apenas uma tecnologia, essa mudança é sobre melhorar a experiência do usuário e a eficiência operacional de maneira significativa.

Então, qual é o negócio com o EDA?

Primeiro, pense nisso como uma mudança do processamento em lote, onde você lida com dados em blocos em horários definidos, para um mundo onde seu sistema está sempre ligado, sempre ouvindo e sempre pronto para processar novos dados em tempo real. Por exemplo, com o AWS Lambda, você pode acionar funções no exato momento em que um evento acontece — seja uma mensagem atingindo uma fila Amazon SQS ou dados fluindo através do Amazon Kinesis. Isso significa que seu sistema seria capaz de responder às ações do usuário mais rápido do que nunca, reduzindo a latência e fazendo seu aplicativo parecer ágil e responsivo.

Uma das coisas mais legais sobre a EDA é sua escalabilidade natural. Serviços da AWS como Lambda e Kinesis podem escalar automaticamente com base no volume de eventos, o que significa que seu sistema não desperdiçará recursos durante o tráfego baixo, enquanto também evitará ser sobrecarregado quando as coisas esquentarem. Além disso, como a EDA incentiva o desacoplamento - dividindo seu sistema em componentes independentes - é mais fácil de manter e evoluir. Serviços de mensagens da AWS como SQS e SNS tornam fácil manter diferentes partes do seu aplicativo se comunicando entre si sem interferir umas nas outras.

Não vamos esquecer das partes de registro e auditoria. Com serviços como Amazon Kinesis e AWS CloudWatch, você pode monitorar de perto o que está acontecendo em todo o sistema em tempo real. Essa transparência é uma grande vitória para conformidade e monitoramento (e paz de espírito geral), sabendo que cada transação é rastreada e contabilizada.

Mais do que uma tecnologia, o processamento em tempo real é um divisor de águas para como os usuários interagem com seu serviço. Imagine um aplicativo bancário que atualiza saldos de contas instantaneamente após uma transação, ou um sistema de detecção de fraude que detecta atividades suspeitas no momento em que acontecem. Esse é o poder da EDA, e é exatamente o que os usuários de hoje esperam.

Para tornar essas capacidades em tempo real uma realidade, os Serviços de Contêiner Serverless da AWS e os Serviços de Mensagens podem ajudá-lo a modernizar até mesmo os sistemas mais tradicionais e pesados em lotes. Claro, mainframes têm sido cavalos de batalha confiáveis, mas vêm com altos custos de manutenção, problemas de escalabilidade, e eles simplesmente não conseguem acompanhar a velocidade que os usuários exigem hoje. Ao mudar para o AWS Lambda, você pode começar a processar dados à medida que chegam, reduzir os custos operacionais e economizar em custos.

E tudo isso enquanto oferece o tipo de experiência instantânea e em tempo real que os usuários adoram!

Integrando Kubernetes com EDA para Processamento de Dados Aprimorado

A integração entre Kubernetes e a Arquitetura Orientada a Eventos (EDA) tem transformado a maneira como lidamos com grandes volumes de dados. Com Kubernetes, a capacidade de escalar recursos conforme a demanda é revolucionária. Você pode dimensionar verticalmente e horizontalmente sua infraestrutura, ajustando a capacidade de CPU e memória ou aumentando o número de nós para lidar com cargas variáveis. A ferramenta AWS Karpenter é essencial aqui, monitorando a utilização e ajustando a infraestrutura automaticamente. Durante picos de carga, Karpenter pode aumentar o número de pods ou nós, garantindo que processos como ETL ou análises em lote não sofram com gargalos.

Além disso, Kubernetes oferece orquestração de nível empresarial.

Se um pod falhar durante a execução de um job na EDA, Kubernetes reinicia automaticamente, garantindo continuidade. Recursos como o Horizontal Pod Autoscaler e Cluster Autoscaler ajustam dinamicamente o número de pods e nós baseados em métricas de CPU, memória ou customizadas, assegurando que suas aplicações de análise de dados não sejam interrompidas.

A containerização no Kubernetes promove portabilidade e consistência. Ao empacotar suas aplicações de EDA em containers, você garante que elas funcionem consistentemente em diferentes ambientes - desenvolvimento, teste, produção. Isso é útil para ferramentas como Apache Spark, um motor de processamento de dados rápido e geral para aplicativos de grande escala. O Spark oferece APIs em Java, Scala, Python e R, e suporta diversas operações, incluindo processamento de stream, SQL, machine learning e análise de grafos. Ele pode rodar múltiplas versões simultaneamente sem conflitos, usando namespaces e resource quotas para isolamento e gestão de recursos. Ferramentas como Helm facilitam a gestão dessas configurações complexas.

A EDA traz benefícios significativos, especialmente em termos de reatividade e eficiência. Em um ambiente orientado a eventos, os serviços respondem imediatamente às mudanças de estado, permitindo o processamento em tempo real, que pode ser crucial para aplicações onde a latência é um fator crítico. Por exemplo, em um banco, quando um cliente faz uma transação, um sistema orientado a eventos pode atualizar instantaneamente o saldo da conta e refletir essa mudança em todas as plataformas do banco simultaneamente, como aplicativos móveis, sites e ATMs. Isso é muito mais eficiente do que o processamento em lote, onde as atualizações seriam feitas em intervalos definidos, possivelmente levando a dados desatualizados para os usuários.

No contexto de processamento de dados em Kubernetes, uma arquitetura orientada a eventos permite que dados sejam processados à medida que são gerados, eliminando a necessidade de armazenar dados para processamento posterior. Isso é vantajoso para cenários onde a informação precisa ser disponibilizada rapidamente, como em alertas de fraude bancária. Quando uma transação suspeita é detectada, um evento pode ser disparado para iniciar imediatamente um processo de verificação e notificação, permitindo que o banco reaja em tempo real para proteger tanto o cliente quanto a instituição financeira.

Investir em Kubernetes também é preparar-se para o futuro da sua infraestrutura de dados. As habilidades desenvolvidas com Kubernetes são transferíveis a muitas outras aplicações. Usando padrões como Custom Resource Definitions (CRDs), você pode definir recursos específicos para EDA, como jobs de processamento personalizados, que podem ser facilmente replicados e compartilhados.

Em termos de custos, Kubernetes brilha. Com Karpenter, você pode usar instâncias spot para executores de Spark e instâncias on-demand para drivers, equilibrando desempenho e economia. Spot instances são instâncias de computação na nuvem que oferecem preços significativamente mais baixos em troca da possibilidade de serem interrompidas pela nuvem com pouco aviso, conforme a demanda de capacidade muda. Kubernetes permite práticas de Spot Instances e Autoscaling Groups para gerenciamento de custos, onde você paga apenas pelo que usa. O monitoramento com Prometheus e Grafana oferece visibilidade para economizar, identificando onde há consumo excessivo de recursos.

Para quem trabalha com grandes volumes de dados, Kubernetes não é apenas uma ferramenta, mas uma estratégia vital. Ele oferece a flexibilidade, resiliência e eficiência necessárias para enfrentar as demandas modernas de processamento de dados, garantindo que seu pipeline de dados seja escalável, econômico e, acima de tudo, confiável. Seja para análises em tempo real ou processamento batch, Kubernetes com EDA é o caminho para um futuro de dados mais inteligente e eficiente, especialmente em setores como serviços bancários, onde a disponibilização rápida de dados pode melhorar significativamente a experiência do cliente e a segurança das transações.

Mudando sua Mentalidade para Aproveitar o Melhor da Nuvem

Mas a questão é: mudar de processamento em lote tradicional para sistemas em tempo real baseados em nuvem requer mais do que apenas uma mudança técnica: a mentalidade da empresa deve ser transformada. Para aproveitar totalmente o que a nuvem oferece, especialmente para instituições financeiras, todo o negócio deve abraçar a flexibilidade, escalabilidade e inovação que a computação em nuvem traz.

Configurações de TI tradicionais muitas vezes vêm com longos e tediosos ciclos de aquisição, configuração e implantação. Mas com serviços de nuvem como a AWS, é possível ativar recursos em minutos, não meses. Essa mudança para uma mentalidade ágil significa se sentir confortável com desenvolvimento iterativo, integração contínua e implantação contínua (CI/CD). Trata-se de se mover mais rápido, responder rapidamente e entregar novos recursos aos usuários em tempo recorde.

O modelo de pagamento conforme o uso da nuvem é outra grande diferença dos métodos antigos. Em vez de investir custos na manutenção de infraestrutura local, a empresa só paga pelo que usa. No entanto, para fazer isso, a otimização de custos é essencial: monitorar o uso de recursos, reservar instâncias onde faz sentido e utilizar serviços como o AWS Lambda são cruciais para evitar pagar por recursos ociosos.

A segurança na nuvem não é brincadeira, mas isso não significa que seja difícil. A AWS oferece um conjunto de recursos de segurança e certificações de conformidade que podem atender até os requisitos regulatórios mais rigorosos. Como sempre digo, trata-se de adotar uma mentalidade de segurança em primeiro lugar. Ao usar ferramentas como AWS IAM, AWS Shield e AWS KMS, seus dados e aplicações permanecerão seguros.

Outra vantagem é que a AWS também oferece uma tonelada de serviços gerenciados que simplificam as operações de TI e reduzem os custos gerais. Ao usar serviços como o Amazon RDS para bancos de dados, AWS Lambda para computação Serverless e Amazon S3 para armazenamento, você pode se concentrar em seu core business em vez de se envolver na gestão de infraestrutura.

Finalmente, lembre-se de que a nuvem é uma plataforma para inovação contínua e deve fomentar uma cultura de experimentação e aprendizado dentro das empresas. Quando negócios, especialmente instituições financeiras, mergulham nos serviços da AWS para aprendizado de máquina, análise de big data e IA, eles desbloqueiam novos insights e oportunidades de negócios. Ao se manter atualizado com os avanços mais recentes da nuvem, você mantém sua vantagem competitiva afiada e impulsiona a transformação digital. Vamos falar mais sobre isso.

Modernizando Sistemas Bancários com AWS Serverless, Containers e Serviços de Mensagens

A indústria financeira há muito tempo se apoia em sistemas de processamento em lote baseados em mainframe para lidar com volumes massivos de tarefas repetitivas. Esses sistemas têm sido sólidos, mas sejamos francos: eles não são exatamente feitos para o mundo sempre conectado de hoje. Os clientes esperam transações instantâneas e atualizações em tempo real, o que significa que os bancos precisam melhorar seu jogo de TI. Este capítulo mostra como o AWS Serverless, Container Services e Messaging Services podem ajudar a transformar esses sistemas legados em plataformas digitais ágeis e econômicas que atendem às altas expectativas de hoje.

A primeira coisa a enfatizar é: mainframes são confiáveis, mas vêm com um monte de bagagem. Altos custos de manutenção, escalabilidade limitada e atrasos no processamento de dados são apenas alguns. Ao migrar para o AWS Lambda, os bancos podem mudar para uma arquitetura Serverless que se escala automaticamente com as demandas de trabalho, reduzindo a sobrecarga operacional e cortando custos. Imagine substituir aqueles processos em lote noturnos por processamento de transações em tempo real — atualizando saldos de contas instantaneamente e fornecendo aos clientes informações atualizadas... Fale sobre estado da arte! E isso não só aumenta a satisfação do cliente, mas também simplifica as operações.

Os Serviços de Contêiner da AWS, como o Amazon EKS e ECS, oferecem outra camada de flexibilidade. Esses serviços permitem que bancos implantem, gerenciem e escalem aplicações containerizadas com facilidade. Contêineres agrupam suas aplicações e suas dependências, garantindo consistência em todos os ambientes — do desenvolvimento à produção. Usando EKS e ECS, os bancos podem se concentrar em construir e executar suas aplicações, deixando o trabalho pesado de gestão de infraestrutura para a AWS. Essa abordagem também facilita a modernização de aplicativos legados, dando-lhes nova vida com a escalabilidade e flexibilidade que os contêineres oferecem.

Os Serviços de Mensagens da AWS, como Amazon SQS e SNS, desempenham um papel crucial na modernização dos sistemas bancários, permitindo o processamento e a comunicação de dados em tempo real. Esses serviços ajudam a desacoplar componentes de aplicações, garantindo que um problema em uma parte não derrube todo o sistema. O SQS lida com o enfileiramento de transações e processamento assíncrono, melhorando a resiliência e escalabilidade. O SNS, por sua vez, permite transmitir eventos em tempo real, mantendo os clientes informados sobre atividades de contas ou status de transações.

Juntos, esses serviços ajudam os bancos a construir sistemas responsivos e confiáveis que atendem às altas expectativas dos clientes de hoje.

Você Realmente Precisa de Quase Tempo Real?

Antes de mergulhar de cabeça no processamento em quase tempo real, deixe-me fazer uma pergunta relevante: você realmente precisa disso? O processamento em quase tempo real, com seu streaming contínuo e manipulação de dados em trânsito, pode ser muito mais caro do que o processamento tradicional em lote. Às vezes, processar um grande conjunto de dados de uma só vez é muito mais econômico do que manter as luzes acesas para streaming constante.

Tome, por exemplo, os requisitos do Banco Central do Brasil para entrega de dados no dia seguinte (D+1). Nem todos os dados precisam ser processados em tempo real. Para esses cenários, uma abordagem de processamento em lote usando serviços da AWS como o Glue pode ser a escolha mais inteligente e econômica. O Glue pode processar grandes conjuntos de dados armazenados no Amazon S3, processando-os em massa enquanto mantém os custos e a complexidade baixos.

As regulamentações financeiras do Brasil também enfatizam a segurança e integridade dos dados. Seja processando dados em tempo real ou em lotes, a conformidade com esses padrões é inegociável. Serviços da AWS, como Glue e S3, vêm com fortes recursos de segurança — criptografia, controles de acesso — que ajudam a manter a conformidade sem estourar o orçamento.

Se você está pensando em usar algo como o Kinesis para streaming contínuo de dados, lembre-se de que você está pagando por toda essa capacidade em tempo real. Por exemplo, se você está lidando com um bilhão de eventos por mês, cada um com 1 KB de tamanho, os custos podem aumentar rapidamente. Você estaria olhando para cobranças por ingestão e retenção de dados, que podem facilmente ultrapassar os custos de uma solução de processamento em lote como o Glue, dependendo das suas necessidades específicas.

Por outro lado, o Glue oferece uma opção mais econômica, especialmente para processamento em lote em grande escala. O armazenamento no S3 é barato, e o modelo de pagamento por uso do Glue mantém os custos baixos — especialmente quando comparado a executar uma configuração semelhante em instâncias EC2. Mas se sua equipe tiver a configuração certa — como um cluster Kubernetes otimizado com instâncias spot e adaptado para alta eficiência — uma plataforma interna pode oferecer ainda mais retorno sobre o investimento. É tudo sobre encontrar o equilíbrio certo entre custo, complexidade e os requisitos específicos de sua carga de trabalho.

Para organizações com uma equipe sólida de engenharia de plataforma, usar o EC2 dentro de um cluster EKS otimizado com ferramentas como o Karpenter, configurações multi-arquitetura e instâncias spot pode ser uma alternativa econômica ao Glue para tarefas de processamento complexas. Essa configuração permite um controle mais refinado sobre a infraestrutura e pode ser mais barata a longo prazo, se gerenciada corretamente.

Estudo de Caso: De trabalhos em lote a um modelo orientado a eventos

A Pismo[1] é uma empresa de tecnologia que fornece plataformas de processamento para serviços bancários e de pagamento. Vamos ver como eles alavancaram com sucesso os serviços da AWS para lidar com um volume massivo de transações. Construída na infraestrutura em nuvem da AWS, a plataforma da Pismo é um exemplo perfeito de como usar microsserviços, arquitetura orientada a eventos e infraestrutura como código (IaC) para alcançar escalabilidade global e eficiência operacional de custos.

Ela processa bilhões de requisições de API a cada mês, com cada mudança de estado em uma conta gerando um evento. Esses eventos fluem para a plataforma de eventos da Pismo, onde são analisados para garantir integridade de dados e conformidade. O sistema, projetado para lidar com eventos em tempo real – com dados sendo armazenados, filtrados e entregues em segundos a centenas de endpoints – permite integração perfeita em aplicativos de clientes.

A Pismo substituiu a maioria de suas rotinas em lote por um modelo orientado a eventos, que tem várias vantagens em relação à abordagem tradicional de trabalhos em lote. Trabalhos em lote são um ponto único de falha, pesados na camada de persistência, difíceis de manter, inadequados para implantações canário e requerem a execução de todo o processo novamente em caso de falha.

Para implementar sua arquitetura orientada a eventos, a Pismo segue "Os princípios de agendamento":

---

[1] https://www.pismo.io/blog/from-batch-jobs-to-an-event-driven-model/

1. **Mecanismo de Gatilho** - Deve haver um mecanismo de gatilho para iniciar o processamento de uma mensagem.
2. **Armazenamento de Estado** - O estado da mensagem deve ser armazenado, para que possa ser processado posteriormente.
3. **Domínio/Usuário Único** - A mensagem só pode afetar um domínio ou usuário por vez, para permitir escalonamento horizontal.
4. **Idempotência** - As mensagens devem ser idempotentes, para que possam ser processadas várias vezes sem causar problemas de integridade.

A implementação envolve o Serviço A postando mensagens para um agendador, que mantém as mensagens até que seja hora de enviá-las para o Serviço B para processamento. O Serviço A sabe quando a mensagem deve ser processada, e o Serviço B é responsável pela lógica de negócios, lidando com a mesma mensagem várias vezes, se necessário.

Para o componente de agendamento, a Pismo usa serviços da AWS como event streams de TTL do DynamoDB, AWS Step Functions e Google Cloud Scheduler. O agendador é responsável por receber a mensagem, mantê-la e depois postá-la em uma fila ou stream – sem nenhuma lógica de negócios.

A Pismo também forneceu um exemplo de sua aplicação orientada a eventos para o recurso de expiração de solicitação de pagamento. O Serviço A envia a mensagem de solicitação de pagamento com a data de expiração para o agendador. Quando a data de expiração chega, o agendador dispara um evento que o Serviço B escuta, e o Serviço B então processa a solicitação de pagamento expirada.

De 2019 a 2021, a Pismo viu um aumento de dez vezes no volume de transações, e até 2022, eles haviam adicionado milhões de novas contas e cartões. Esse crescimento explosivo apresentou desafios no gerenciamento de volumes de eventos, segurança e conformidade com as regulamentações locais. Mas, inteligentemente, a Pismo enfrentou esses desafios modularizando sua arquitetura e usando serviços de mensagens da AWS como SNS, SQS e Kinesis para manter seu sistema responsivo e resiliente.

Sua arquitetura orientada a eventos depende fortemente do AWS Lambda para processamento escalável e personalizável, garantindo alta taxa de transferência e integridade de dados. Ao longo de 18 meses, a Pismo reduziu os custos da plataforma em 90% enquanto aumentava a segurança e a modularidade. Essa configuração permitiu que eles se expandissem para novas regiões e desenvolvessem novos produtos baseados em eventos, como análises em tempo real e serviços de aprendizado de máquina.

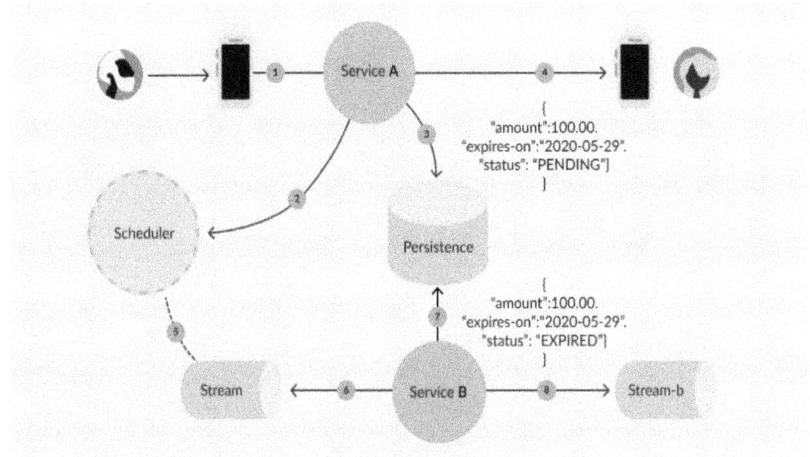

Gráfico de Arquitetura da Pismo

Este estudo de caso bem-sucedido é um testemunho do poder da EDA e dos serviços em nuvem da AWS na modernização de sistemas financeiros. Ao adotar essas tecnologias, as instituições financeiras podem transformar sua infraestrutura de TI, passando do processamento em lote para arquiteturas orientadas a eventos em tempo real que atendem às altas expectativas dos clientes e demandas operacionais de hoje.

Integrar a EDA em seus sistemas financeiros colocará seu negócio à frente, sem dúvida. Com a AWS, você pode modernizar sua infraestrutura de TI, reduzir custos e fornecer uma experiência de usuário que se destaca. Seja movendo-se para o processamento em tempo real ou simplesmente otimizando sua configuração atual, essas ferramentas e estratégias podem construir um sistema pronto para o futuro.

Capítulo 8 - AWS ao Resgate: Construindo Apps que Nunca Morrem

Pequena História 8: O Desafio de Brendon com Resiliência e Recuperação de Desastres

A mente de Brendon voltou àquela noite fatídica em que tudo deu errado (Pequena História 1...). A ACME.com havia caído feio, e ele era o único preso no meio do caos, tentando apagar incêndios enquanto todos olhavam para ele em busca de respostas. Os clientes estavam irritados, o dinheiro estava escorrendo, e a reputação da ACME.com sofreu um golpe sério.

Esse incidente o assombrava desde então, mas ele já tinha tido o suficiente. Era hora de fazer algo a respeito.

"Nunca mais," ele murmurou para si mesmo.

Brendon então pegou seu telefone e chamou Sarah e Mark para uma rápida reunião.

- "Ei, vocês lembram do desastre do ano passado, certo? Bem, estive pensando... Não podemos deixar isso acontecer de novo.

Precisamos tornar a infraestrutura da ACME à prova de balas. Alta disponibilidade, recuperação de desastres, tudo isso."

Sarah levantou uma sobrancelha.

- "Sim, sem dúvida. Embora... Alta disponibilidade é uma coisa, mas recuperação de desastres? Precisamos descobrir quão rápido podemos nos recuperar quando as coisas derem errado."

Mark entrou na conversa, já puxando alguns diagramas.

- "Bem, acho que para começar precisamos impedir que as coisas se espalhem. Se uma parte do sistema falhar, não deve levar o navio inteiro com ela. A AWS tem algumas ferramentas para isso... Serverless pode nos ajudar a isolar o dano."

Brendon assentiu, sentindo que estavam na mesma página.

- "Sim, boa ideia. Precisamos mapear os limites de isolamento de falhas, usar regiões e zonas de disponibilidade da AWS para espalhar as coisas. Temos que estar prontos para qualquer coisa. Falhas, grandes interrupções, tudo isso."

Nas semanas seguintes, a equipe estava profundamente envolvida, elaborando um plano. Alta disponibilidade, recuperação de desastres, tolerância a falhas — eles precisavam cobrir tudo. Assim, a infraestrutura global da AWS se tornou seu playground, com Lambda, S3 e DynamoDB se tornando seus melhores amigos. Mas, como você pode imaginar, cada passo adiante traz novos desafios.

Um dia, Brendon olhou para Sarah, que estava concentrada em seus pensamentos.

- "Sarah, como estamos lidando com falhas no plano de

controle? Sabe, aquelas coisas grandes que derrubam os sistemas de gerenciamento?"

Sarah levantou os olhos da tela.

- "Temos redundâncias em diferentes zonas de disponibilidade. A AWS cuida da maior parte do plano de controle, mas estamos garantindo que o plano de dados, que é o que mantém o serviço funcionando, continue ativo mesmo se o plano de controle falhar."

Mark, seu parceiro no crime, acrescentou.

- "E também configuramos mecanismos de estabilidade estática. Basicamente, o sistema continua funcionando sem precisar de ajustes constantes durante uma falha. Dados em cache, processamento assíncrono... tudo isso. Impede que tudo desmorone se uma parte falhar."

Brendon estava impressionado.

- "Certo, certo... Parece que estamos no caminho certo. Mas antes de começarmos a pensar em ir para várias regiões com isso, o que vocês acham de garantir que acertamos a resiliência em uma única zona de disponibilidade? Autoescalonamento, balanceamento de carga, essas coisas. Quero que estejamos sólidos como uma rocha antes de darmos o próximo passo."

Bonnie e Clyde trocaram olhares. Todos sabiam que estavam prontos para enfrentar o desafio. No entanto, Brendon não conseguia se livrar de uma pergunta que ainda martelava em sua mente: Será que isso realmente seria suficiente?

Conceitos Chave em Resiliência

Antes de entrarmos nas principais estratégias, vamos dar uma olhada em alguns conceitos e definições importantes. Palavras como alta disponibilidade e recuperação de desastres são frequentemente usadas de forma intercambiável, mas significam coisas diferentes. É importante entender essas diferenças, especialmente ao pensar em opções serverless.

- **Alta Disponibilidade (HA - High Availability)** significa projetar sistemas que possam resistir a falhas comuns. Trata-se de minimizar o tempo de inatividade usando arquitetura robusta ou práticas operacionais. Muitas vezes medimos a AD pelos "noves" de disponibilidade — como cinco noves (99,999%) — o que significa que há muito pouco tempo de inatividade permitido a cada ano[1].
- **Recuperação de Desastres (DR - Disaster Recovery)** diz respeito a como seu sistema pode se recuperar de uma falha grave dentro de certos objetivos de tempo, conhecidos como **RTO (Recovery Time Objective)** ou **OTR (Objetivo de Tempo de Recuperação)** e **RPO (Recovery Point Objective)** ou **OPR (Objetivo de Ponto de Recuperação)**. Esses objetivos definem quão rápido você pode fazer seus sistemas funcionarem novamente e quanto de dados você pode se dar ao luxo de perder[2].

Aqui na versão do livro em Português, vamos utilizar os termos em inglês mesmo, por serem mais largamente utilizados (RTO e RPO), ok?

---

[1]Infraestrutura Global da AWS. https://aws.amazon.com/about-aws/global-infrastructure/
[2]Estratégias de Recuperação de Desastres da AWS. https://aws.amazon.com/disaster-recovery/

Outra ideia chave são os limites de isolamento de falhas. Na AWS, eles são principalmente definidos por Regiões, Zonas de Disponibilidade (AZs) e partições. As Regiões são locais físicos ao redor do mundo que consistem em várias AZs, cada uma sendo um centro de dados separado ou grupo de centros de dados[3]. Saber onde esses limites estão ajuda a projetar sistemas resilientes porque mostram onde as falhas podem ser contidas e como podem afetar suas cargas de trabalho.

Agora que entendemos o conceito, vamos falar sobre outra parte importante da resiliência: a diferença entre o plano de controle e o plano de dados.

Entendendo os Control Planes e Data Planes

Ao projetar para resiliência, é importante conhecer a diferença entre o plano de controle e o plano de dados. Cada um desempenha um papel diferente em sua arquitetura e se comporta de maneira diferente quando há uma falha. Arquiteturas serverless naturalmente os separam, com serviços gerenciados lidando com a maioria das operações do plano de controle, reduzindo o risco de um ponto único de falha.

- **Plano de Controle (Control Plane)** - É onde ocorrem as tarefas de gerenciamento—criação, atualização e descrição de recursos como instâncias EC2 ou buckets S3[4]. O plano de controle

[3]Infraestrutura Global da AWS. https://aws.amazon.com/about-aws/global-infrastructure/
[4]Documentação do AWS Auto Scaling. https://docs.aws.amazon.com/autoscaling/

geralmente lida com menos tráfego, mas tem dependências mais complexas. Em ambientes serverless, a AWS gerencia o plano de controle, garantindo que, mesmo se houver problemas, o plano de dados continue funcionando.

- **Plano de Dados (Data Plane)** - É onde ocorre a operação real dos serviços, como transferência de dados entre instâncias ou armazenamento de objetos no S3. O plano de dados lida com mais tráfego, mas é mais simples em estrutura com menos dependências. Serviços como AWS Lambda e Amazon DynamoDB tornam o plano de dados mais confiável ao escalonarem automaticamente para atender à demanda, mantendo o desempenho estável mesmo sob cargas pesadas.

É importante estar familiarizado com esses planos, pois eles se comportam de maneira diferente durante falhas. Ao entendê-los, você pode projetar sistemas mais resilientes, e arquiteturas serverless facilitam o gerenciamento dessas complexidades.

Os serviços da AWS frequentemente dividem tarefas entre esses dois planos para melhorar a resiliência. Por exemplo, quando você cria uma instância EC2 (uma tarefa do plano de controle), a AWS cuida de encontrar recursos físicos e atribuir endereços IP. Uma vez que a instância está ativa e funcionando, o plano de dados assume, gerenciando operações contínuas como tráfego de rede. Ao separar essas tarefas, a AWS garante que as operações do plano de dados continuem mesmo se o plano de controle tiver problemas. Em arquiteturas serverless, essa separação é ainda mais evidente, já que a AWS gerencia ambos os planos, reduzindo a carga de trabalho da sua equipe e garantindo a disponibilidade contínua do serviço[5].

---

[5] AWS Well-Architected Framework: Pilar de Confiabilidade. https://docs.aws.amazon.com/wellarchitected/latest/reliability-pillar/welcome.html

Estabilidade Estática: Aumentando a Resiliência sem Mudanças Constantes

Agora que analisamos os planos, vamos discutir a estabilidade estática, outra ideia chave no design resiliente.

Estabilidade estática significa que seu sistema pode continuar funcionando sem precisar de mudanças durante uma falha ou quando uma dependência específica não está disponível[6]. Alcançar a estabilidade estática é crucial para garantir a continuidade mesmo quando partes do sistema enfrentam problemas. Certos padrões arquitetônicos, como designs orientados a eventos e desacoplados, naturalmente aumentam a estabilidade estática, reduzindo a necessidade de monitoramento constante ou ajustes manuais[7].

Existem várias maneiras de alcançar a estabilidade estática:

- **Prevenir Dependências Circulares** - Garanta que os sistemas não dependam uns dos outros de uma forma que possa criar um loop de feedback durante uma falha. Desacoplar serviços usando ferramentas orientadas a eventos, como filas de mensagens, pode ajudar a quebrar essas cadeias de dependência.
- **Pré-provisionamento de Capacidade** - Para cargas de trabalho críticas, ter capacidade pré-provisionada pronta para assumir durante uma falha garante que seu sistema possa lidar com o aumento da carga sem esperar por recursos adicionais para serem ativados.

---

[6] Estratégias de Recuperação de Desastres da AWS. https://aws.amazon.com/disaster-recovery/
[7] Infraestrutura Global da AWS. https://aws.amazon.com/about-aws/global-infrastructure/

- **Manter Cópias Locais de Dados** - Manter uma cópia local de dados essenciais permite que os sistemas continuem operando mesmo quando partes da infraestrutura estão temporariamente inativas. Soluções de armazenamento durável podem ajudar replicando dados em vários locais para redundância.
- **Evitar Interações Síncronas** - Sempre que possível, projete sistemas para depender de processos assíncronos, reduzindo o risco de falhas em cascata quando um serviço falha. Orquestrar fluxos de trabalho com coordenação assíncrona minimiza interdependências entre serviços[8].

Por exemplo, em um aplicativo web típico, se o Serviço A depende do Serviço B para responder a uma solicitação do usuário, qualquer falha no Serviço B também pode fazer com que o Serviço A falhe. Ao redesenhar o Serviço A para usar uma cópia em cache dos dados ou para lidar com solicitações de forma assíncrona, você pode tornar o Serviço A estaticamente estável, permitindo que continue funcionando mesmo se o Serviço B estiver inativo[9].

Resiliência organizacional através de multiplas contas na AWS

Ao projetar sistemas resilientes na AWS, um dos conceitos mais poderosos para modularidade e isolamento é o uso de múltiplas contas. Este princípio reflete diretamente os benefícios trazidos pelos microsserviços na arquitetura de software. Assim como os

[8] Murphy, N., Beyer, B., Jones, C., & Petoff, J. (2016). Site Reliability Engineering: How Google Runs Production Systems. O'Reilly Media.

[9] Atchison, L. (2016). Architecting for Scale: High Availability for Your Growing Applications. O'Reilly Media.

microsserviços permitem que componentes independentes de uma aplicação sejam escalados, atualizados e mantidos de forma isolada, o mesmo acontece quando segregamos workloads em diferentes contas na AWS.

Pense como cada conta na AWS seja um micro data-center para cada time, ou cada tribo da sua organização, dando assim total liberdade para os times divididos por unidades de negócio a serem realmente indepentendes dos demais dando assim a verdade agilidade e resiliência, pois uma vez que algum time ou unidade de negócio tiver algum problema, os demais devem saber tratar suas contigências de forma a não dependerem, diretamente da outra unidade de negócios. Vamos iniciar?

Por que Usar Múltiplas Contas AWS?

O uso de múltiplas contas AWS[10] oferece vantagens claras que ajudam a atingir os objetivos de resiliência e recuperação de desastres:

1. **Isolamento e Redução de Blast Radius** - Assim como cada microsserviço tem um escopo bem definido, múltiplas contas AWS limitam o impacto de falhas. Uma falha em uma conta não se propaga para outras, reduzindo o blast radius. Por exemplo, se um workload em uma conta falhar devido a um problema de configuração ou ataque, as demais contas permanecem intactas, garantindo a continuidade das operações.
2. **Autonomia Operacional e Governança** - Diferentes equipes ou produtos podem gerenciar suas próprias contas, promovendo a autonomia e a especialização. Isso elimina dependências entre equipes, acelera o desenvolvimento e reduz gargalos

[10] https://aws.amazon.com/blogs/mt/deciding-between-large-accounts-or-micro-accounts-for-distributed-operations-at-aws/

operacionais. Ao mesmo tempo, serviços como o AWS Control Tower e AWS Organizations garantem governança centralizada, definindo políticas e melhores práticas de forma consistente.

3. **Segregação de Recursos e Competição por Limites** - Assim como microsserviços gerenciam seus próprios recursos, múltiplas contas evitam competição por limites de serviços AWS. Cada conta tem suas próprias quotas, eliminando gargalos e garantindo a performance mesmo em cenários de alta demanda.
4. **Ciclo de Vida Independente** - Com múltiplas contas, workloads podem evoluir em ciclos de desenvolvimento, teste e produção separados. Isso facilita atualizações e implantações, sem riscos de interferência em outros workloads.

Para decidir quando criar uma nova conta ou reutilizar uma existente, considere os seguintes critérios:

1. **Modelo Operacional - Centralizado**: Uma equipe única gerencia infraestrutura e operações. Aqui, contas compartilhadas podem ser suficientes para workloads que não precisam de segregação. - **Descentralizado**: Equipes dedicadas gerenciam aplicação e infraestrutura. Nesse caso, contas dedicadas são preferíveis para manter a autonomia e o controle sobre os recursos.
2. **Redução do Blast Radius** - Se a criticidade do workload for alta, segregá-lo em uma nova conta é essencial para minimizar o impacto de falhas.
3. **Competição por Limites de Serviço** - Se workloads na mesma conta estão competindo pelos mesmos limites regionais, criar uma nova conta elimina gargalos e melhora a performance.

4. **Governança e Custos** - Contas separadas simplificam a alocação de custos e o gerenciamento de acessos. Utilizar ferramentas como ABAC (Attribute-Based Access Control) para gerenciar permissões entre contas pode reforçar a segurança e eficiência.

Trançando um paralelo com microserviços novamente, o uso de múltiplas contas reflete os mesmo benefícios de microsserviços nos seguinte quesitos:

- **Modularidade** - Cada conta se torna um "serviço" independente, facilitando a gestão.
- **Isolamento** - Problemas em uma conta não afetam as outras.
- **Escalabilidade** - Cada conta pode ser escalada individualmente com base nas necessidades do workload.
- **Resiliência** - Arquiteturas bem segregadas têm mais tolerância a falhas.

Imagine que você está planejando lançar um novo produto. A equipe considera as seguintes questões:

1. **Modelo Operacional** - A equipe do novo produto será responsável tanto pelo desenvolvimento quanto pela operação. **Decisão**: Seguir o modelo descentralizado.
2. **Impacto de Falhas** - Um problema nesse produto pode afetar a operação de toda a plataforma de toda sua empresa. **Decisão**: Criar uma nova conta para reduzir o blast radius.
3. **Limites de Serviço** - O produto requer uso intensivo de Lambda e DynamoDB, que já estão perto do limite na conta atual. **Decisão**: Nova conta para evitar competição por quotas.

A AWS oferece várias ferramentas para simplificar a criação e gestão de múltiplas contas:

- **AWS Organizations** - Gerencia múltiplas contas com governança centralizada.
- **AWS Control Tower** - Configura uma landing zone seguindo melhores práticas.
- **IAM Permissions Boundaries** - Implementa restrições de acesso específicas.
- **AWS CloudFormation StackSets** - Padroniza a implantação de recursos em várias contas.

Adotar uma estratégia de múltiplas contas na AWS é equivalente a projetar uma arquitetura baseada em microsserviços. Ela aumenta a resiliência, promove a modularidade e garante que workloads críticos possam operar de forma independente. A decisão de criar ou reutilizar uma conta deve ser baseada em critérios claros, como modelo operacional, impacto de falhas e limites de serviço. Com as ferramentas e práticas recomendadas da AWS, você pode escalar sua infraestrutura com confiança, sabendo que cada componente está isolado e pronto para enfrentar os desafios da nuvem.

Técnicas para Resiliência em uma Única AZ

Se você está tentando garantir que seu aplicativo continue funcionando sem problemas, mesmo se algo quebrar em uma única Zona de Disponibilidade (AZ), existem algumas estratégias eficazes que você pode usar. Claro, espalhar tudo por várias AZs ou regiões é o ideal, mas você ainda pode tornar seu sistema bastante sólido dentro de apenas uma AZ[11]. Fazendo coisas como configurar servidores redundantes,

---

[11] AWS Well-Architected Framework: Pilar de Confiabilidade. https://docs.aws.amazon.com/wellarchitected/latest/reliability-pillar/welcome.html

usar balanceadores de carga e ter autoescalonamento em vigor, você pode evitar tempo de inatividade e manter tudo funcionando mesmo se partes do sistema falharem. Abaixo estão algumas técnicas simples para ajudar a aumentar a resiliência do seu aplicativo em uma única AZ.

1. **Remover Componentes Redundantes** - Dentro de uma única AZ, implante várias instâncias de componentes críticos, como servidores de aplicação, bancos de dados e balanceadores de carga. Isso garante que, se uma instância falhar, outras poderão continuar a lidar com o tráfego. A redundância pode ser alcançada distribuindo cargas de trabalho em vários servidores físicos dentro da AZ.
2. **Usar Auto Scaling** - O auto scaling permite que seu aplicativo ajuste a capacidade dinamicamente com base na demanda, mesmo dentro de uma única AZ. Também pode ajudar na recuperação de falhas substituindo instâncias falhas por novas, garantindo serviço contínuo sem a necessidade de intervenção manual[12].
3. **Implementar Balanceamento de Carga** - Usar um Balanceador de Carga Elástico (ELB) garante que o tráfego seja distribuído uniformemente entre as instâncias, otimizando o uso de recursos e mantendo a disponibilidade. Se uma instância falhar, o balanceador de carga pode redirecionar o tráfego para instâncias saudáveis, evitando a interrupção do serviço.
4. **Remover em Múltiplas Sub-redes** - Dentro de uma AZ, implantar recursos em múltiplas sub-redes pode melhorar a tolerância a falhas. Sub-redes conectadas a diferentes racks

[12]Documentação do AWS Auto Scaling. https://docs.aws.amazon.com/autoscaling/

físicos oferecem proteção contra falhas em nível de rack, garantindo continuidade em caso de problemas de hardware localizados.

5. **Utilizar Multi-AZ do Amazon RDS** - Para cargas de trabalho de banco de dados críticas, considere o Amazon RDS com implantações Multi-AZ. Esta abordagem cria uma réplica de espera em outra AZ, que pode ser promovida a primária em caso de falha, garantindo disponibilidade contínua[13].
6. **Aproveitar Snapshots do Elastic Block Store (EBS)** - Snapshots regulares de volumes EBS fornecem uma opção rápida de recuperação em caso de falha em toda a AZ. Esses snapshots, armazenados no S3, permitem restauração rápida de dados, minimizando o tempo de inatividade durante cenários de falha.

Se você quiser tornar seu aplicativo ainda mais resiliente dentro de uma única AZ, há algumas práticas arquitetônicas extras que podem ajudar seu sistema a se recuperar de problemas sem muito esforço. Tudo se resume ao design: seu aplicativo deve ser desenvolvido para ser mais flexível e menos dependente de qualquer componente único. Aqui estão algumas dicas que você pode implementar facilmente:

1. **Design Stateless** - Tente manter os componentes do seu aplicativo sem estado tanto quanto possível[14]. É como trocar uma peça de um quebra-cabeça sem bagunçar toda a imagem. Você pode conseguir isso com serviços como AWS Lambda e Amazon API Gateway, que são naturalmente stateless.
2. **Desacoplar Componentes** - Quebre dependências usando ferramentas como filas de mensagens ou sistemas orientados

[13]Estratégias de Recuperação de Desastres da AWS. https://aws.amazon.com/disaster-recovery/

[14]AWS Well-Architected Framework: Pilar de Confiabilidade. https://docs.aws.amazon.com/wellarchitected/latest/reliability-pillar/welcome.html

a eventos. Serviços AWS como Amazon SQS (Simple Queue Service) ou Amazon SNS (Simple Notification Service) facilitam o desacoplamento de componentes e o gerenciamento de comunicação assíncrona.

3. **Implementar Disjuntores** - Pense nos disjuntores como redes de segurança—eles entram em ação quando um componente começa a falhar e impedem que o problema se espalhe[15]. Você pode implementar isso com serviços da AWS como os recursos de limitação e tratamento de erros do API Gateway ou integrá-lo com o AWS Lambda para um isolamento de erro mais suave.
4. **Monitoramento e Alarmes** - Fique de olho em tudo com monitoramento detalhado e configure alarmes que corrijam automaticamente pequenos problemas, como reiniciar um serviço ou aumentar recursos quando necessário. O AWS CloudWatch é um ótimo serviço para monitorar e criar alarmes que acionam ações como escalonamento com o AWS Auto Scaling ou reinicialização de recursos através de funções AWS Lambda.

É importante mencionar também que existem algumas estratégias sólidas que você pode usar para manter as coisas funcionando sem problemas, mesmo que algo dê errado[16]. Essas ideias focam em automatizar processos e garantir que seu aplicativo possa se recuperar de problemas sem precisar de intervenção manual. Aqui estão algumas maneiras fáceis de fortalecer a resiliência do seu aplicativo:

1. **Failover Automatizado** - Configure seu aplicativo para que ele possa trocar automaticamente para um backup se algo crítico,

[15] Atchison, L. (2016). Architecting for Scale: High Availability for Your Growing Applications. O'Reilly Media.

[16] Estratégias de Recuperaçao de Desastres da AWS. https://aws.amazon.com/disaster-recovery/

como seu banco de dados principal, cair. Dessa forma, você não precisa se apressar para corrigir as coisas manualmente. Ferramentas da AWS como Amazon RDS com Multi-AZ ou DynamoDB com tabelas globais podem cuidar disso para você.

2. **CI/CD com Verificações de Resiliência** - Adicione verificações de resiliência ao seu processo de implantação. Com ferramentas como AWS CodePipeline e AWS CodeDeploy, você pode garantir que cada nova atualização seja testada quanto à estabilidade antes de entrar em operação. Isso impede que problemas passem despercebidos ao implantar novos recursos.
3. **Testes de Engenharia do Caos** - Ocasionalmente, jogue uma curva no seu aplicativo simulando falhas. O Simulador de Injeção de Falhas da AWS é ótimo para testar como seu sistema reage a falhas sem causar danos reais. É uma abordagem proativa para encontrar fraquezas antes que se tornem problemas reais[17].
4. **Degradação Elegante** - Projete seu aplicativo para que, mesmo que uma parte falhe, o resto continue funcionando. Por exemplo, se um recurso não essencial cair, seus serviços principais devem continuar funcionando sem problemas[18]. AWS Lambda, API Gateway e Step Functions podem ajudar a manter as coisas isoladas, para que uma falha não derrube todo o sistema.

Ao usar essas técnicas, você estará pronto para quaisquer falhas inesperadas que surgirem e garantirá que seu aplicativo possa se recuperar rapidamente sem muito problema[19]. É muita informação. Eu entendo. Então, vamos dividir isso passo a passo. Imagine que você

[17] Watters, J. (2019). Disaster Recovery, Crisis Response, and Business Continuity: A Management Desk Reference. Elsevier.

[18] AWS Well-Architected Framework: Pilar de Confiabilidade. https://docs.aws.amazon.com/wellarchitected/latest/reliability-pillar/welcome.html

[19] Documentação do AWS Auto Scaling. https://docs.aws.amazon.com/autoscaling/

está aprendendo isso como parte de seu treinamento técnico. Vamos lá.

Implementando Resiliência Multi-Região: Quando e Como?

Vamos começar com o básico. Você provavelmente já ouviu que implantar seu aplicativo em várias Zonas de Disponibilidade (AZs) dentro de uma única região da AWS oferece alta resiliência contra falhas. Isso geralmente é suficiente para a maioria das aplicações. Mas o que acontece quando isso não é suficiente? Quando você precisa proteger seu sistema de uma falha completa da região, é quando a arquitetura multi-região entra em cena. No entanto, isso adiciona complexidade, e precisamos avaliar cuidadosamente se vale a pena para sua carga de trabalho. A AWS oferece um conjunto de serviços para ajudar, mas eles devem ser usados com sabedoria.

Primeira pergunta - Você realmente precisa de resiliência multi-região?
Isso é crítico. Mudar para uma configuração multi-região não é apenas sobre "mais é melhor". É sobre necessidade e compensações. Vamos dissecar isso.

1. **Impacto nos Negócios** - Pense em quão críticas são suas cargas de trabalho. Com que rapidez você precisa que elas voltem ao ar se algo der errado / seu RTO ? Quanto de dados você pode perder / seu RPO? Nem toda aplicação precisa da disponibilidade extrema de uma configuração multi-região. Por exemplo, DynamoDB ou S3 dentro de uma única região já podem fornecer alta disponibilidade. Introduzir a complexidade de múltiplas

regiões pode não ser necessário se as necessidades do seu negócio já forem atendidas por esses serviços[20].

2. **Sincronização de Dados**[21] - Aqui é onde as coisas ficam complicadas. Sincronizar dados entre regiões pode ser difícil. Você provavelmente já se deparou com o teorema CAP: consistência, disponibilidade e tolerância a partições. Em um sistema distribuído, você não pode ter os três perfeitamente. Com arquiteturas multi-região, você provavelmente terá que escolher entre consistência forte (mais lenta, mas mais precisa) ou consistência eventual (mais rápida, mas com possíveis atrasos na sincronização de dados). A AWS facilita isso com serviços como as Tabelas Globais do DynamoDB, que replicam automaticamente os dados entre regiões. Isso simplifica o processo, mas você precisa entender as implicações de usar essas ferramentas—a consistência eventual pode ser suficiente para o seu caso de uso.
3. **Dependências** - Pense nas dependências do seu sistema. Se você tem uma aplicação multi-região, mas ela depende de um único componente não redundante—como um sistema on-premise ou uma API de terceiros—esse é um ponto fraco. Serviços da AWS como Amazon RDS com implantações Multi-AZ ou serviços totalmente gerenciados como Lambda ajudam a eliminar pontos únicos de falha distribuindo-os entre regiões. Em configurações multi-região, reduzir dependências externas é crucial para a resiliência.
4. **Prontidão Operacional** - Sua equipe precisa estar pronta para os

[20] AWS Well-Architected Framework: Pilar de Confiabilidade. https://docs.aws.amazon.com/wellarchitected/latest/reliability-pillar/welcome.html

[21] Atchison, L. (2016). Architecting for Scale: High Availability for Your Growing Applications. O'Reilly Media.

desafios operacionais que vêm com a arquitetura multi-região. Não é apenas sobre construí-la; é sobre mantê-la. Ferramentas da AWS como CloudFormation StackSets simplificam isso ao permitir que você implante e gerencie recursos em várias regiões de maneira padronizada[22]. Mas lembre-se, cada região adiciona complexidade operacional, então certifique-se de que sua equipe esteja preparada para lidar com isso.

Agora, se você determinou que precisa de uma arquitetura multi-região, existem dois padrões principais para escolher: **Ativo-Passivo** e **Ativo-Ativo**.

Ativo-Passivo

Esta é a opção mais simples, onde apenas uma região está ativamente lidando com o tráfego enquanto a outra está em espera, pronta para assumir se algo falhar. Esta configuração é frequentemente usada para cenários de recuperação de desastres, especialmente em indústrias que precisam cumprir requisitos regulatórios[23]. Serviços da AWS como Route 53, que podem fazer failover automaticamente com base em verificações de saúde, tornam isso muito mais fácil. Em uma configuração Ativo-Passivo, você pode manter os custos mais baixos pagando apenas pela capacidade total em uma região e aumentando a região de espera apenas durante uma falha.

A principal vantagem de uma abordagem Ativo-Passivo é sua simplicidade. Tendo uma região primária e uma secundária, você pode rapidamente fazer failover para a região de backup se surgir

---

[22]Estratégias de Recuperação de Desastres da AWS. https://aws.amazon.com/disaster-recovery/

[23]https://aws.amazon.com/blogs/networking-and-content-delivery/creating-disaster-recovery-mechanisms-using-amazon-route-53/

um problema na primária. Isso pode ser especialmente importante para aplicações críticas que não podem se dar ao luxo de ter um tempo de inatividade prolongado. O uso de verificações de saúde do Route 53 permite um processo de failover automatizado, reduzindo a necessidade de intervenção manual.

Outro benefício dessa abordagem é a potencial economia de custos. Como apenas a região primária está lidando com o tráfego de produção, você pode dimensionar os recursos nessa região para corresponder à carga real. A região de espera pode ser provisionada com uma capacidade menor, escalando apenas quando ocorre um evento de failover. Isso pode ajudar a otimizar os custos de infraestrutura em comparação com uma configuração ativo-ativo, onde ambas as regiões operam em plena capacidade.

O Route 53 desempenha um papel central na habilitação da estratégia de recuperação de desastres Ativo-Passivo. Suas verificações de saúde podem monitorar continuamente a disponibilidade dos recursos na região primária e fazer failover automaticamente para a região de espera se forem detectados problemas. Isso acontece no nível DNS, garantindo uma transição tranquila para os usuários finais. O failover pode ser configurado para ser totalmente automatizado ou disparar um processo manual, dependendo dos requisitos específicos.

Uma limitação da abordagem Active-Passive é o potencial de perda de dados durante um evento de failover. Como a região de espera não está ativamente recebendo atualizações, pode haver uma lacuna entre os ambientes primário e secundário. Dependendo dos requisitos de RPO (Recovery Point Objective), isso pode precisar ser resolvido através de mecanismos adicionais de replicação de dados.

Além disso, a região de espera pode não estar preparada para lidar com toda a carga de produção se ocorrer um failover. Os arquitetos devem planejar cuidadosamente a capacidade e as capacidades de escalonamento do ambiente secundário para garantir que ele possa suportar o tráfego durante um cenário de desastre. Testes regulares e validação do processo de failover são cruciais para identificar e resolver quaisquer restrições de capacidade.

Finalmente, a abordagem Active-Passive exige uma coordenação cuidadosa entre as regiões primária e de espera. Alterações feitas no ambiente primário, como atualizações de aplicativos ou modificações de infraestrutura, devem ser replicadas para a região secundária para manter o alinhamento. Automatizar esses processos pode ajudar a reduzir o risco de inconsistências entre os dois ambientes.

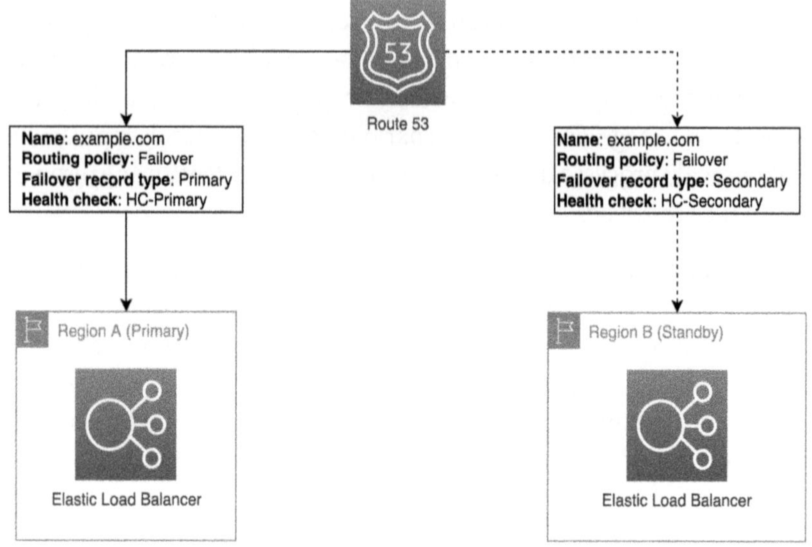

Do Blog da AWS: Criando Mecanismos de Recuperação de Desastres Usando Amazon Route 53

24

Em resumo, a estratégia de recuperação de desastres Active-Passive utiliza verificações de integridade do Route 53 e failover automatizado para fornecer uma solução confiável e econômica para aplicações críticas. Mantendo um ambiente de espera, as organizações podem se recuperar rapidamente de falhas regionais ou outros eventos disruptivos. No entanto, planejamento cuidadoso e testes regulares são necessários para garantir que a região secundária possa assumir perfeitamente durante um cenário de failover.

[24]https://aws.amazon.com/blogs/networking-and-content-delivery/creating-disaster-recovery-mechanisms-using-amazon-route-53/

Active-Active

Aqui, ambas as regiões estão ativas e compartilham a carga. Este arranjo oferece maior disponibilidade, mas vem com desafios maiores, particularmente em torno de consistência de dados e latência. Por exemplo, se você estiver executando o DynamoDB com Global Tables, ele pode manter seus dados sincronizados entre ambas as regiões, mas você precisa levar em conta o tempo que leva para as atualizações se propagarem. Esta abordagem é ideal para aplicações que precisam de RTO e RPO muito baixos, mas esteja preparado para as complexidades que vêm com manter tudo em sincronia.

As Global Tables do DynamoDB são um componente crítico da arquitetura active-active descrita neste post do blog. Elas permitem a replicação automática de dados entre várias regiões da AWS, garantindo que os dados da sua aplicação estejam altamente disponíveis e resilientes a falhas regionais. A capacidade de escrever em qualquer região e ter essas gravações replicadas sem problemas para outras regiões é uma vantagem importante do uso de Global Tables. Isso permite que sua aplicação mantenha acesso de baixa latência para usuários, independentemente de sua localização geográfica.

Além dos benefícios técnicos, a escolha de implementar uma arquitetura active-active usando Global Tables do DynamoDB é frequentemente impulsionada por considerações empresariais importantes. Organizações que atendem a uma base de clientes global ou têm aplicações críticas em execução 24/7 não podem se dar ao luxo de ter um tempo de inatividade prolongado ou perda de dados. O padrão active-active, com seu rápido objetivo de tempo de recuperação (RTO) e objetivo de ponto de recuperação (RPO) quase zero, é essencial para manter a continuidade dos negócios e a confiança dos clientes.

Ao lidar com dados sensíveis ou regulamentados, a capacidade de rapidamente realizar um failover para uma região secundária e manter a integridade dos dados é primordial. Indústrias como finanças, saúde e governo frequentemente têm requisitos de conformidade rigorosos em torno da residência de dados e recuperação de desastres. Uma arquitetura active-active aproveitando as Global Tables do DynamoDB permite que essas organizações atendam às suas obrigações regulatórias enquanto fornecem a alta disponibilidade que seus clientes exigem.

Além disso, o alcance global e a escalabilidade de uma aplicação active-active podem abrir novas oportunidades de mercado e permitir a expansão dos negócios em novas regiões. Tendo a infraestrutura em vigor para atender clientes em várias regiões, as organizações podem se adaptar mais facilmente às condições de mercado em mudança e às necessidades dos clientes. Essa flexibilidade e capacidade de resposta podem ser uma vantagem competitiva significativa no cenário dinâmico de negócios de hoje.

No entanto, a complexidade operacional de gerenciar um sistema active-active não deve ser subestimada. Manter o comportamento consistente da aplicação, monitorar a replicação de dados entre regiões e orquestrar procedimentos de failover requerem habilidades especializadas e recursos dedicados. As organizações devem pesar cuidadosamente os benefícios contra os custos aumentados e a sobrecarga operacional antes de se comprometerem com esse padrão arquitetônico.

Considere Custo e Complexidade Operacional - Embora a

abordagem active-active ofereça o melhor RTO e RPO, ela também vem com custos aumentados e complexidade operacional. Você precisará provisionar recursos em várias regiões, gerenciar a replicação de dados e garantir um comportamento consistente da aplicação em todas as regiões. Avalie cuidadosamente seus requisitos e pese os trade-offs para determinar se o padrão active-active é a escolha certa para sua aplicação.

Dentro de cada região da AWS, você pode distribuir seus recursos por várias Zonas de Disponibilidade (AZs) para alcançar maior tolerância a falhas. No entanto, esteja ciente de que as AZs não são completamente isoladas umas das outras - elas compartilham alguma infraestrutura subjacente. Portanto, é melhor espalhar seus recursos críticos por várias regiões em vez de depender exclusivamente da redundância em nível de AZ.

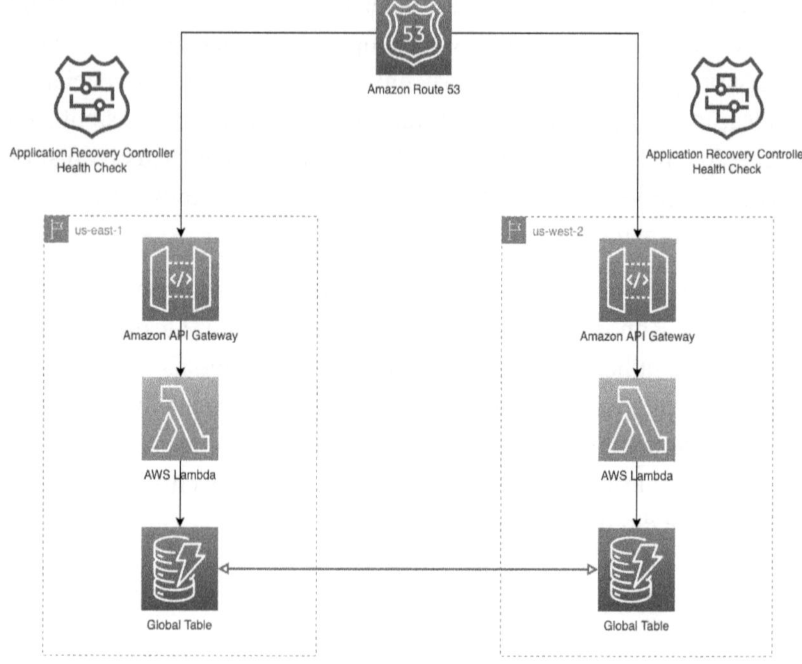

Do Blog da AWS: Construa aplicações resilientes com tabelas globais do Amazon DynamoDB: Parte 3

25

Arquiteturas multirregionais são complexas, e é essencial testar regularmente seus procedimentos de failover e recuperação de desastres. Conduza experimentos de engenharia do caos, simule interrupções regionais e valide se sua aplicação pode lidar perfeitamente com falhas sem impactar a experiência do usuário final.

[25]https://aws.amazon.com/blogs/database/part-3-build-resilient-applications-with-amazon--dynamodb-global-tables/

1. **Evitar Dependências entre Regiões** - Um princípio chave da arquitetura multi-região é evitar dependências entre regiões. Cada região deve funcionar de forma independente. Serviços da AWS como Lambda e DynamoDB, quando implantados regionalmente, permitem que cada região opere de forma independente. Desta forma, se uma região falhar, as outras regiões podem continuar operando sem problemas, sem esperar pela recuperação da região falhada.
2. **Serviços Globais** - Seja cauteloso ao depender de serviços globais da AWS como IAM ou Route 53[26]. Eles têm planos de controle centralizados, e se eles falharem, sua recuperação pode ser atrasada. Em vez disso, projete seu sistema para priorizar recursos regionais sempre que possível. Por exemplo, use VPCs regionais, instâncias EC2 ou balanceadores de carga que não dependem de serviços globais durante um cenário de falha.
3. **Replicação Assíncrona** - Para cargas de trabalho que não exigem consistência de dados em tempo real, a replicação assíncrona pode ser uma salvação. Serviços como S3 e DynamoDB suportam replicação assíncrona, o que permite que seus dados se propaguem entre regiões sem esperar por consistência imediata. Isso reduz a latência e evita gargalos de desempenho, garantindo que os dados eventualmente sejam sincronizados entre as regiões.
4. **Failover Automático e Roteamento de Tráfego** - Gerenciar manualmente o roteamento de tráfego durante um cenário de desastre é propenso a erros e demorado. Em vez disso, aproveite serviços da AWS como o Route 53 Application Recovery Controller para automatizar o processo de failover.

[26]Infraestrutura Global da AWS. https://aws.amazon.com/about-aws/global-infrastructure/

Esses serviços podem rapidamente detectar regiões degradadas e automaticamente rotear o tráfego para regiões saudáveis, minimizando o tempo de inatividade.

5. **Monitorar Cuidadosamente a Latência de Replicação** - Ao usar replicação assíncrona, monitore de perto a latência de replicação entre regiões. Picos inesperados de latência podem indicar um problema que precisa ser resolvido antes que leve a inconsistências de dados ou problemas de disponibilidade. Configure alertas e limites para identificar proativamente esses problemas.
6. **Implementar Operações Idempotentes** - Para garantir uma experiência de failover tranquila, projete as APIs de sua aplicação para serem idempotentes. Isso significa que execuções repetidas da mesma operação não têm efeito adicional além da primeira execução. Isso permite que você repita operações com segurança se uma solicitação falhar devido a uma interrupção de região, sem o risco de corrupção de dados.

Mantenha-se Informado sobre Atualizações de Serviços da AWS - O cenário da nuvem AWS está em constante evolução, com novos serviços e recursos sendo introduzidos regularmente. Fique atento aos anúncios e atualizações da AWS, pois eles podem introduzir novas capacidades ou melhores práticas que podem aprimorar ainda mais a resiliência de sua arquitetura multi-região.

O que são Falhas Cinzentas (e como evitá-las!)

Por fim, vamos abordar as **falhas cinzentas**, que são aquelas falhas parciais que degradam o desempenho sem causar uma falha completa. Elas são difíceis de detectar, mas podem afetar significativamente a experiência do usuário se não forem gerenciadas adequadamente. Arquiteturas serverless, com sua escalabilidade granular e serviços gerenciados, fornecem vantagens únicas na detecção e correção de falhas cinzentas.

Para lidar com falhas cinzentas:

1. **Monitoramento Aprimorado** - Use AWS CloudWatch e AWS X-Ray para monitoramento detalhado. Essas ferramentas ajudam a detectar problemas de desempenho que podem indicar uma falha cinzenta. Aplicações serverless funcionam bem com essas ferramentas de monitoramento, permitindo detecção em tempo real e resposta automatizada.
2. **Engenharia do Caos** - Use o AWS Fault Injection Simulator para simular falhas cinzentas e entender como seu sistema responde[27]. Isso ajuda a construir arquiteturas mais resilientes ao encontrar fraquezas antes que causem problemas reais[28]. Ambientes serverless são particularmente adequados para engenharia do caos porque podem lidar com falhas com pouca interrupção devido à sua natureza sem estado e desacoplada.

[27] Murphy, N., Beyer, B., Jones, C., & Petoff, J. (2016). Site Reliability Engineering: How Google Runs Production Systems. O'Reilly Media.

[28] Watters, J. (2019). Disaster Recovery, Crisis Response, and Business Continuity: A Management Desk Reference. Elsevier.

3. **Disjuntores** - Implemente disjuntores para isolar componentes falhos, evitando que um pequeno problema se torne uma grande interrupção. Arquiteturas serverless podem facilmente usar disjuntores através de serviços como API Gateway e Lambda para monitorar e redirecionar o tráfego conforme necessário.
4. Finalmente, vamos olhar para **recuperação de desastres (DR)**.

Construir uma arquitetura resiliente não é apenas lidar com incidentes cotidianos; é estar preparado para falhas inesperadas e grandes que podem derrubar cargas de trabalho inteiras. É aí que entra a recuperação de desastres (DR). DR é uma parte chave de sua estratégia geral de resiliência, e a AWS fornece várias ferramentas e melhores práticas para ajudá-lo a implementar uma recuperação de desastres eficaz para suas cargas de trabalho. Arquiteturas serverless naturalmente suportam recuperação de desastres ao remover a gestão de infraestrutura e permitir rápida recuperação entre regiões.

A recuperação de desastres (DR) é sua rede de segurança quando todas as outras proteções falham. Considere o famoso caso da Pixar[29], onde um comando errado quase apagou 90% dos arquivos de Toy Story 2. Eles foram salvos apenas por um backup de sorte. Isso mostra porque ter um plano de DR confiável e testado é essencial. DR garante a continuidade do negócio, permitindo que você restaure o serviço rapidamente e com mínima perda de dados. Serviços serverless como AWS Lambda, S3 e DynamoDB oferecem capacidades de DR embutidas, como replicação automática e backup, reduzindo a complexidade e custo das soluções tradicionais de DR.

A infraestrutura global da AWS, que inclui múltiplas Regiões e Zonas de Disponibilidade, é a espinha dorsal de qualquer estratégia de

---

[29] https://thenextweb.com/news/how-pixars-toy-story-2-was-deleted-twice-once-by--technology-and-again-for-its-own-good

DR. Cada Região da AWS é totalmente isolada e consiste em múltiplas Zonas de Disponibilidade, que são fisicamente separadas para proteger contra falhas locais. Ao planejar para DR, você precisa entender como essas regiões e Zonas de Disponibilidade funcionam para usá-las efetivamente para isolamento e recuperação. Arquiteturas serverless facilitam o deploy de serviços através de múltiplas regiões, aproveitando automaticamente a resiliência proporcionada pela infraestrutura da AWS.

A resiliência na AWS é uma responsabilidade compartilhada entre a AWS e você, o cliente. A AWS é responsável pela resiliência da nuvem — isso inclui a infraestrutura, serviços e a rede global. Sua responsabilidade é garantir a resiliência de suas cargas de trabalho na nuvem. Isso inclui o uso das melhores práticas para DR, alta disponibilidade e gerenciamento de falhas. Os serviços serverless reduzem sua responsabilidade gerenciando automaticamente a infraestrutura e o escalonamento, permitindo que você se concentre na resiliência em nível de aplicação.

Estratégias de Recuperação de Desastres na AWS

A AWS oferece quatro abordagens principais para Recuperação de Desastres (DR), cada uma oferecendo diferentes compensações entre custo, complexidade e tempo de recuperação[30]. À medida que você avança para estratégias de DR mais complexas, os custos aumentam, mas também aumenta a velocidade de recuperação.

---

[30] Estratégias de Recuperação de Desastres da AWS. https://aws.amazon.com/disaster-recovery/

1. **Backup e Restauração**
   A estratégia mais simples e econômica é o **Backup e Restauração.** Esta abordagem envolve o backup regular de seus dados e a restauração apenas quando ocorre um desastre. O lado negativo é que possui o maior RTO e RPO. Em termos mais simples, leva mais tempo para recuperar seu sistema, e você pode perder mais dados em comparação com estratégias mais avançadas. A AWS torna esse processo fácil com serviços como o **Amazon S3** e o **AWS Backup**, que automatizam o armazenamento e a recuperação de seus dados. Este é um ótimo ponto de partida se você estiver trabalhando com restrições de baixo custo ou cargas de trabalho menos críticas.
2. **Luz Piloto**
   O próximo passo é a estratégia **Luz Piloto.** Nessa abordagem, você mantém uma versão mínima de seu ambiente sempre em execução e, em caso de desastre, aumenta rapidamente para lidar com o tráfego de produção total. Isso reduz o tempo de recuperação em comparação com o Backup e Restauração, mas é mais caro, pois você está sempre executando parte de sua infraestrutura. Serviços da AWS como **Amazon EC2** ou **RDS** facilitam o escalonamento, permitindo que você pré-configure recursos que podem ser rapidamente implantados. Esta é uma boa opção quando você precisa de uma recuperação mais rápida, mas não pode justificar o custo de manter um ambiente totalmente redundante.
3. **Standby Quente**
   Uma estratégia mais avançada é o **Standby Quente**, onde você tem um ambiente reduzido, mas totalmente funcional, sempre em execução. Quando ocorre um desastre, você aumenta esse

ambiente para lidar com a carga de produção. Isso oferece um meio-termo entre custo e tempo de recuperação. Serviços da AWS como **Elastic Load Balancing** e **Auto Scaling** podem ajudá-lo a aumentar rapidamente, garantindo que seu sistema esteja pronto para lidar com a carga em uma situação de desastre. O Standby Quente é frequentemente usado quando há necessidade de uma recuperação mais rápida do que a Luz Piloto, mas sem o custo de manter um ambiente totalmente duplicado.

4. **Multi-Site (Ativo-Ativo)**
   Finalmente, a opção mais robusta é a estratégia **Multi-Site (Ativo-Ativo)**. Nesse modelo, você executa sua aplicação em duas ou mais regiões simultaneamente, com tráfego distribuído entre elas. Se uma região fica fora do ar, as outras regiões podem assumir com pouca ou nenhuma interrupção. Esta estratégia oferece o menor RTO e RPO, mas também é a mais cara e complexa de gerenciar. Por exemplo, serviços como **Amazon Route 53** lidam com o roteamento de tráfego entre regiões, garantindo que os usuários sejam sempre direcionados para um endpoint saudável. Essa abordagem é ideal para aplicações críticas que precisam do mais alto nível de disponibilidade.

Escolher a estratégia certa depende de vários fatores. Primeiro, pense sobre seu **Objetivo de Tempo de Recuperação (RTO)** — quanto tempo seu sistema pode ficar fora do ar antes que se torne um problema? Em seguida, considere seu **Objetivo de Ponto de Recuperação (RPO)** — quanto de dados você pode perder durante uma interrupção? Finalmente, equilibre os custos de cada estratégia com o valor comercial de reduzir o tempo de inatividade. Serviços como **DynamoDB Global Tables** e **AWS Backup** facilitam a redução tanto do RTO quanto do RPO, mantendo os custos sob controle.

A AWS oferece várias ferramentas que são componentes-chave na implementação de sua estratégia de DR:

- **AWS Backup** - Este serviço automatiza e centraliza o backup em serviços da AWS. Você pode usá-lo para proteger dados em diferentes serviços e restaurar rapidamente em um desastre. É particularmente útil quando combinado com outros serviços da AWS, como **RDS** e **EBS**, para backups de banco de dados e armazenamento.
- **CloudEndure** - Esta ferramenta fornece replicação contínua de suas cargas de trabalho para a AWS, permitindo recuperação rápida de desastres. Você pode usá-la para espelhar cargas de trabalho críticas em diferentes regiões, garantindo que, se um desastre ocorrer, seu sistema possa realizar o failover rapidamente.
- **AWS CloudFormation** - O CloudFormation permite que você automatize a configuração de sua infraestrutura, para que possa rapidamente iniciar ambientes em caso de desastre. Por exemplo, você pode usar o CloudFormation para automatizar a implantação de instâncias EC2, bancos de dados RDS e outros recursos necessários para seu ambiente de DR.
- **Amazon Route 53** - O Route 53 é um serviço DNS que pode rotear tráfego entre regiões com base em verificações de integridade, garantindo que os usuários sejam sempre direcionados a um endpoint saudável. Isso é particularmente útil em arquiteturas multi-região ou Ativo-Ativo, onde você precisa de failover rápido e automático[31].

[31] AWS Well-Architected Framework: Pilar de Confiabilidade. https://docs.aws.amazon.com/wellarchitected/latest/reliability-pillar/welcome.html

Depois de implementar uma estratégia de recuperação de desastres (DR), o teste é crítico. Um plano de DR é tão bom quanto seu último teste. Execute simulações regularmente para garantir que sua equipe saiba como lidar com cenários de failover, seja restaurando de backups ou escalando um ambiente de Luz Piloto. Serviços da AWS como **AWS Lambda** e **CloudWatch** facilitam a automação desses testes, e ferramentas como **AWS Systems Manager** podem ajudar a realizar dias de jogo de DR para simular cenários de desastre.

Vamos tomar como exemplo um aplicativo de comércio eletrônico multi-região que tem requisitos rigorosos de tempo de atividade. Nesse caso, uma estratégia **Ativa-Ativa** seria ideal. O tráfego pode ser distribuído entre duas regiões da AWS usando o **Amazon Route 53**, garantindo que, se uma região falhar, a outra possa lidar com a carga sem interrupção. Serviços como **DynamoDB Global Tables** garantem que os dados sejam sincronizados entre as regiões, enquanto **AWS Backup** fornece uma rede de segurança para recuperar quaisquer dados perdidos. Nesse cenário, os serviços da AWS permitem que você construa um sistema robusto que pode fazer failover de forma transparente, sem se preocupar com infraestruturas complexas.

No final do dia, projetar sistemas resilientes significa muito mais do que apenas evitar falhas: você também deve ser capaz de se recuperar rápida e eficientemente quando as falhas ocorrerem. Combinando estratégias de DR bem pensadas com os serviços da AWS, você pode construir sistemas que minimizam o tempo de inatividade e a perda de dados. A beleza da AWS é que ela oferece as ferramentas para escalar essas estratégias, seja usando Backup e Restauração simples ou uma abordagem Ativa-Ativa mais avançada. Seu objetivo deve ser encontrar o equilíbrio certo entre custo, complexidade e tempo de recuperação que se alinhe com as necessidades do seu negócio.

Lembre-se:

1. **Resiliência é uma Jornada** - Teste continuamente, melhore e adapte suas estratégias para atender às necessidades de negócios em mudança[32]. Arquiteturas serverless oferecem a flexibilidade para evoluir e escalar sem a sobrecarga de gerenciar infraestrutura.
2. **Design Multi-Região é Essencial** - Uma ferramenta poderosa, mas nem sempre necessária. Avalie suas necessidades específicas com cuidado antes de se comprometer com ela. Serviços serverless muitas vezes podem oferecer resiliência suficiente dentro de uma única região, reduzindo a necessidade de complexidade multi-região.
3. **Automação e Observabilidade Não São Negociáveis** - Seus melhores aliados na construção de arquiteturas resilientes. Use as ferramentas que a AWS fornece para lidar com o trabalho pesado de gerenciar resiliência. Arquiteturas serverless se integram profundamente com ferramentas de monitoramento e automação da AWS, tornando mais fácil alcançar e manter a resiliência.

---

[32] Watters, J. (2019). Disaster Recovery, Crisis Response, and Business Continuity: A Management Desk Reference. Elsevier.

Capítulo 9 - Terminar Não é Fácil: Descompondo o Monólito

Pequena História 9: A Grande Mudança de Brendon — Descompondo o Monólito

Os dias passavam, e a navegação era tranquila na ACME.com. Até que um dia, não foi mais. Em uma quinta-feira qualquer, uma pequena alteração no serviço de notificações fez o sistema de pagamento falhar. Ninguém conseguia fazer compras, e toda a plataforma estava em caos.

Em sua mesa no 13° andar, Brendon achou que era uma piada dos colegas quando a notificação de erro apareceu no painel. Quando Mark entrou em seu escritório, pálido como um giz, a realidade desabou assim como o sistema.

Uma atualização falhou? Uma interrupção? E como de costume, os clientes já estavam começando a reclamar no Twitter. Brendon sabia que estava enfrentando um inimigo familiar, que já havia aparecido um milhão de vezes em diferentes formas: uma pequena mudança em uma funcionalidade reverberando por todo o sistema e derrubando partes não relacionadas do aplicativo. O monólito era frágil, e cada atualização parecia uma aposta.

- "Isso é insustentável," Brendon murmurou para si mesmo. O telefone da mesa tocou. Era Sarah.

- "Ei, chefe, você e o Mark podem vir até a sala de crise? Estou olhando os logs. Não está bom." Brendon pegou seu café, fez um sinal para Mark e seguiu em frente. Ele sabia que não poderiam continuar remendando as coisas para sempre. Mais cedo ou mais tarde, teriam que enfrentar a realidade de que a arquitetura monolítica da ACME.com era seu maior passivo.

Quando entraram na sala de crise, Sarah estava no quadro branco, rabiscando o que parecia ser a quinta tentativa de mapear o sistema. Pulando sobre seu caderno, Mark franzia a testa para os logs.

- "Certo, qual é o estrago?", Brendon perguntou, embora já soubesse a resposta.

- "Bem, a alteração no serviço de notificações de alguma forma derrubou o sistema de pagamento", explicou Sarah, balançando a cabeça. "Não faz nem sentido. Não há dependência direta ali."

Curvado sobre o monitor, Mark suspirou. "Sim, mas esse é o problema. Nem sempre vemos as dependências. Este sistema cresceu tanto e ficou tão bagunçado ao longo dos anos que cada parte está entrelaçada com outra."

Brendon olhou fixamente para o diagrama. Era um labirinto de setas e conexões, sem um começo ou fim claro. Eles estavam lidando com um sistema gigante e interconectado, e qualquer pequena mudança parecia puxar um fio solto em um suéter—puxe demais, e tudo se desfaz.

- "Precisamos realmente começar a desmontar isso, pessoal", disse Brendon após um momento. "Peça por peça. Caso contrário, vamos continuar enfrentando isso, e as interrupções só vão piorar."

Sarah se virou para ele, levantando uma sobrancelha. "Você está falando de microsserviços, certo?"

- "Sim." Brendon assentiu. "Mas não apenas dividindo tudo de uma vez. Precisamos de um plano, talvez começar com as partes mais críticas, as problemáticas."

Mark se recostou na cadeira. "Você quer dizer como notificações ou pagamentos? Esses são os que mais quebram."

Brendon fez uma pausa. "Talvez. Ou talvez devêssemos olhar onde podemos isolar as coisas mais facilmente primeiro. Começar pequeno, reduzir o risco. O que você acha?"

Sarah começou a escrever novamente, pensando em voz alta. "Bem, temos que mapear melhor o sistema. Descobrir o que podemos dividir sem piorar as coisas. Há muitas conexões ocultas aqui... Dependências que ainda não entendemos completamente."

- "Sim", concordou Mark. "Poderíamos usar algumas ferramentas para analisar a base de código, ver onde está o acoplamento mais forte. Talvez possamos começar por desvencilhar isso, eu não sei... Mas certamente não podemos simplesmente jogar tudo em microsserviços e dar o dia por encerrado. Se não gerirmos isso corretamente, acabaremos com um problema maior do que temos agora."

Brendon assentiu lentamente. Mark estava certo. Todo mundo falava sobre microsserviços como se fossem a solução mágica, mas quando não realizados com cuidado, você acabava com uma coleção de micro-problemas em vez de um grande.

- "Vamos começar fazendo um inventário, o que você acha?", sugeriu Brendon. "Precisamos descobrir o que temos, quais são os componentes críticos e como eles estão interagindo entre si. Uma vez que tivermos isso, podemos ver onde podemos começar a decompor com segurança."

- "Notificações e pagamentos são candidatos óbvios", disse Sarah, ainda rabiscando. "Mas há muita coisa legada ali. Algumas delas datam de anos atrás, e ninguém tem certeza do que metade delas faz agora."

Brendon suspirou. "Exatamente. Não podemos nos dar ao luxo de apenas adivinhar. Precisamos mapear todo o sistema, dependências e tudo mais, antes de começarmos a fazer qualquer corte. Caso contrário, estaremos apenas convidando mais problemas."

Eles trabalharam até tarde da noite, analisando logs, diagramas e documentos de arquitetura. Quanto mais cavavam, mais claro ficava o quão emaranhado estava o monolito. Componentes que deveriam ser independentes estavam fortemente acoplados. Dependências complexas se estendiam por módulos que não tinham motivo para interagir uns com os outros.

Em um ponto, Mark falou. "Ei, você já notou como alguns desses componentes estão sempre envolvidos nos travamentos? Tipo, eles não são os que causam o problema, mas são atingidos pela repercussão toda vez." Brendon olhou para a tela. "Sim... é como se fossem danos colaterais, né? Eles não são a causa raiz, mas estão muito conectados a outras peças... Hum... Precisamos isolar esses também."

"Se pudermos identificar esses componentes 'colaterais' ", disse Sarah, "talvez possamos priorizá-los para isolamento. Mesmo que não estejam quebrando, estão muito expostos."

Brendon olhou para o quadro branco, agora coberto de diagramas dos principais componentes do sistema. Ele podia ver o caminho a seguir, mas não era fácil.

- "Certo," ele disse finalmente. "Vamos começar com notificações. É pequeno o suficiente para gerenciar, mas impacta muitos outros sistemas. Se conseguirmos extrair isso de forma limpa, nos dará um bom caso de teste para o resto."

A equipe concordou com um aceno, sabendo da grande tarefa que lhes foi atribuída. Decompor o monolito levaria tempo, paciência e precisão. E não havia garantias de que não encontrariam mais surpresas pelo caminho.

Quando Brendon saiu da sala de guerra, um pensamento permaneceu em sua mente: Será que eles realmente viram todas as conexões ocultas?

E quanto à migração de Arquitetura de Software Legada para Moderna?

Decompondo o Monolito Através da Implementação do Padrão de Estrangulamento (Strangler fig pattern)

Atualizar software antigo para plataformas mais novas é um processo desafiador, mas necessário para quase qualquer empresa (ou você consegue imaginar a Netflix operando com a mesma arquitetura utilizada nos dias de DVD sob demanda?). Para fazer isso, uma abordagem útil para desmantelar o monolito é o Padrão de Estrangulamento, um conceito popularizado pelo desenvolvedor de software britânico Martin Fowler. Esta técnica envolve substituir gradualmente componentes do sistema existente por novos para garantir uma transição suave.

O Padrão de Estrangulamento (PE) envolve o sistema desatualizado com novas aplicações e funcionalidades, e, ao longo do tempo, o novo sistema gradualmente assume, tornando o anterior obsoleto. (Descubra mais sobre esta técnica nos recursos adicionais fornecidos [1].)

Isso permite uma transição gradual, sem uma revisão completa que poderia interromper as operações, permitindo que o sistema evolua lentamente ao longo do tempo. Este método minimiza interrupções e permite que as empresas mantenham seus serviços enquanto implementam melhorias progressivamente.

Ao atualizar componentes específicos individualmente, problemas potenciais são identificados e resolvidos desde cedo. Esta abordagem reduz a probabilidade de uma falha maior, que poderia ser custosa e prejudicial à reputação da empresa. Então, a mitigação de riscos é outra grande vantagem do PE.

Com seu perfil de melhoria contínua, o PE permite que novas tecnologias e práticas sejam integradas gradualmente ao novo sistema à medida que surgem, garantindo uma solução de software competitiva e atualizada.

Do ponto de vista financeiro, o PE também é mais gerenciável. As

---

[1] https://martinfowler.com/bliki/StranglerFigApplication.html

empresas podem distribuir os custos ao longo do tempo, em vez de fazer um grande investimento inicial único, o que pode ser mais fácil de orçar e comunicar aos stakeholders.

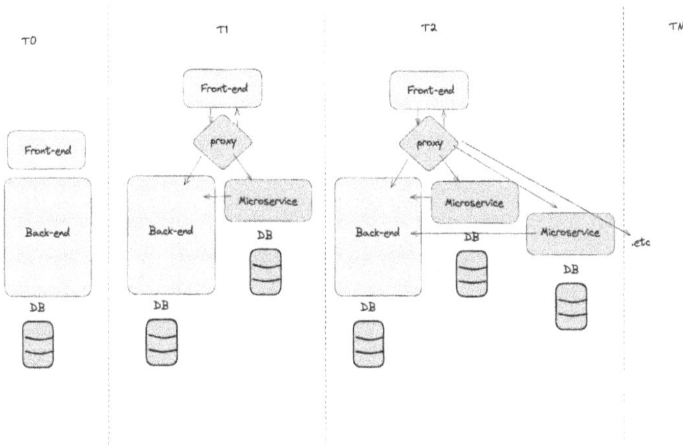

Padrão de Estrangulamento

De uma perspectiva geral, o Padrão de Estrangulamento promove uma arquitetura de sistema mais otimizada. À medida que cada seção do monolito é substituída, os novos componentes podem ser construídos usando métodos modernos e eficientes. O resultado é um sistema que é mais robusto e mais fácil de manter.

Desenvolvendo um sistema paralelo

Outra abordagem para a transição de software desatualizado envolve desenvolver um novo sistema e executá-lo simultaneamente com o existente. Este método requer a criação de um novo conjunto de APIs e o incentivo para que os clientes se conectem com elas.

APIs entram em cena neste ponto, permitindo interações de múltiplos sistemas de software. Esta abordagem fornece acesso a novos recursos e serviços, mantendo a compatibilidade com o sistema antigo, garantindo uma transição suave e minimizando interrupções para o cliente.

Esta tática é especialmente bem-sucedida para empresas B2B, que podem oferecer acesso a sistemas tanto antigos quanto modernos (com uma taxa para o uso de cada) – uma abordagem dupla que pode gerar receita enquanto a transição está em andamento.

É bastante importante lembrar que as empresas também têm a opção de definir prazos para o processo de migração. Fornecer aos clientes um cronograma claro permite que se preparem e gerenciem sua mudança para o novo sistema. Este limite de tempo também cria um senso de urgência e mantém o processo de migração nos trilhos.

Outra opção é oferecer suporte limitado ao sistema antigo. Enquanto o novo sistema está sendo atualizado e melhorado, o sistema antigo é mantido, mas não é mais aprimorado. Esse cenário incentiva os clientes a migrarem para o novo sistema para se beneficiarem dos recursos e melhorias mais recentes.

Executar sistemas simultaneamente permite testes e validações completas. Os clientes podem começar a usar o novo sistema enquanto ainda têm acesso ao antigo. Essa operação paralela reduz o risco de interrupções e facilita uma transição mais suave.

Essa estratégia também permite que as empresas recolham feedback dos clientes que usam o novo sistema. Ao entender suas necessidades e desafios, ajustes necessários podem ser feitos para melhorar o software e garantir que ele atenda às expectativas dos usuários.

Além disso, o método lado a lado fornece uma margem de segurança. Se surgirem problemas com o novo sistema, os clientes podem voltar temporariamente ao antigo. Como um plano de backup confiável, o negócio continua funcionando e atende à satisfação do cliente.

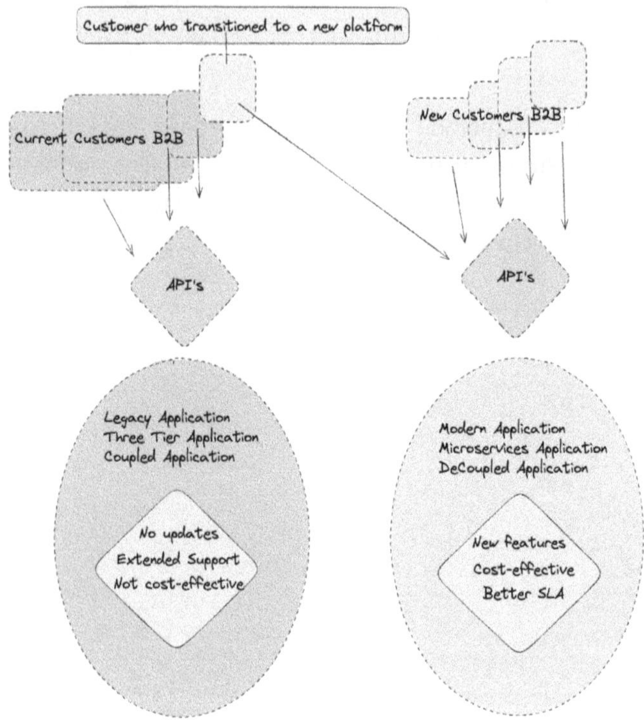

Padrão de Paralelismo

A verdade é que ambas as abordagens para mover software antigo para plataformas atuais oferecem vantagens substanciais. Sendo gradual, o SP oferece uma opção de baixo risco, enquanto a abordagem lado a lado oferece flexibilidade e oportunidades para aumento de receita. Ao selecionar a estratégia correta e seguir as melhores práticas para microsserviços, a empresa pode realizar uma transição suave que se alinha com seus requisitos e promove a expansão.

E quanto ao código? Vamos detalhar...

Dividir um sistema monolítico em microsserviços pode parecer assustador no início. Se você já trabalhou com um monólito, sabe como tudo se torna complexo e interconectado. Qualquer mudança pode afetar partes do sistema aparentemente não relacionadas. É por isso que dividir um monólito em microsserviços é atraente. Mas, para esclarecer, não é tão simples quanto apenas reorganizar o código. Existem padrões, processos e estratégias específicos que orientam você nessa transformação de forma eficaz. Neste capítulo, exploraremos essas estratégias passo a passo.

Mark Richards é autor de vários livros e vídeos técnicos, além de ser palestrante e treinador em conferências, tendo falado em centenas de conferências e grupos de usuários ao redor do mundo sobre diversos tópicos técnicos relacionados a empresas, e eu li alguns de seus livros, mas uma palestra específica me ajudou durante toda a minha jornada de desmontagem de monólitos: Padrões de Decomposição no Developer Summit em 2023 [2], na qual estou tentando descrever como arquitetos e desenvolvedores podem passar de monólito para microsserviços.

Começamos entendendo a necessidade de decomposição. Grandes monólitos se tornam tão interligados que até mesmo pequenas mudanças são arriscadas e lentas. Além disso, escalar

---

[2] https://www.youtube.com/watch?v=wiWjX9yaXTY&list=PL7uXTBW0v8D3l3p--VTXlHJN7rV_sQnu5u

partes do sistema pode ser um desafio quando tudo está agrupado. Ao desmontar o monólito, podemos criar unidades menores e independentes que são mais fáceis de gerenciar, escalar e evoluir. O objetivo aqui não é apenas dividir as coisas por dividir, mas construir um sistema que seja mais adaptável às práticas modernas de desenvolvimento.

Primeiro, revisaremos os componentes existentes no sistema, identificaremos componentes lógicos e mapearemos dependências. Isso cria a base para decompor sistematicamente o monólito. À medida que avançamos, simplificaremos componentes superdimensionados, agruparemos em domínios significativos e eventualmente extrairemos esses domínios em serviços separados. A chave é um processo controlado e iterativo — não há necessidade de pular direto para microsserviços. Trata-se de preparar o sistema para futura escalabilidade e manutenção.

Finalmente, uma vez que a base esteja estabelecida, discutiremos a transição para uma arquitetura totalmente distribuída de microsserviços. Seguindo esses passos, você terá um caminho claro para transformar um monólito fortemente acoplado em um sistema de serviços implantados de forma independente. É uma jornada que exige cuidado e precisão, mas os benefícios — como implantações mais rápidas e melhor escalabilidade — tornam o esforço recompensador. Vamos começar o processo de desmontagem do monólito juntos.

1: Fazendo Inventário: Identificar Componentes

A primeira tarefa na decomposição de um monólito é fazer um inventário dos componentes do sistema. Pense nos componentes como blocos de construção da sua aplicação — cada um responsável por uma função ou domínio específico no seu sistema. Por exemplo, você pode ter componentes para gestão de usuários, atribuição de tickets, relatórios e notificações. Estes são agrupamentos lógicos de código que trabalham em estreita colaboração.

Para identificar componentes, comece analisando a base de código existente. Em linguagens como Java ou C#, examine namespaces, estruturas de diretórios ou arranjos de pacotes. Estes frequentemente indicam separações lógicas, mesmo que não sejam perfeitas. Um diretório ou pacote pode representar uma parte do seu sistema e ajudar a agrupar funcionalidades relacionadas. No entanto, as separações lógicas que você encontrar podem não corresponder perfeitamente a componentes bem definidos, especialmente em sistemas que evoluíram organicamente ao longo do tempo.

Investigue o que cada parte do sistema faz. Por exemplo, o diretório que lida com a criação de tickets pode incluir classes para modelos, controladores e serviços, todos relacionados ao processo de ticketing. Agrupar esses em um único componente como "Ticketing" é uma forma de esclarecer os papéis das diferentes peças. Seu objetivo é mapear todos os elementos lógicos do monólito e definir seus papéis.

Depois de identificar os componentes, avalie seu tamanho e complexidade. Alguns podem ser muito grandes e incluir várias funções que seriam melhor divididas em partes menores. Outros podem já ser gerenciáveis, tornando-se candidatos potenciais para microsserviços no futuro. Ao fazer o inventário, você prepara o terreno para o processo de decomposição.

Por fim, documente tudo minuciosamente: um diagrama visual dos componentes pode ajudar a ver como tudo se encaixa. Este inventário servirá como referência durante todo o processo de decomposição para acompanhar o que foi dividido e o que ainda permanece no monólito.

2: O Tamanho Importa: Achatar os Componentes

Após inventariar os componentes, o próximo passo é avaliar seu tamanho e achatá-los. Isso significa verificar se algum componente é muito grande ou complexo para funcionar como unidades únicas. Componentes grandes costumam ser fortemente acoplados e mais difíceis de dividir em microsserviços, portanto, dividi-los é essencial.

Tome, por exemplo, um componente de "Relatórios" que lida com tudo, desde relatórios financeiros até registros de atividades dos usuários. Se este componente cobre uma grande parte do seu código, ele deve ser dividido. Você poderia dividi-lo em "Relatórios Financeiros", "Relatórios de Utilização Especializada" ou "Relatórios de Tickets de Suporte". Cada um deles foca em uma área menor, reduzindo a complexidade.

O objetivo é garantir que cada componente seja gerenciável e coeso. Um componente coeso lida com uma única preocupação ou domínio, tornando-o mais fácil de isolar e eventualmente extrair para um microsserviço. Componentes menores e bem definidos são mais fáceis de dividir sem que códigos desnecessários sigam juntos.

Ferramentas que analisam a complexidade do código e dependências de classes podem ajudar a encontrar "pontos quentes" — partes do sistema que são muito grandes ou emaranhadas. Focar nelas primeiro simplifica ao máximo o sistema.

Uma vez que os componentes estão achatados, atualize o inventário para refletir as partes menores e refinadas. Isso dará uma compreensão mais clara da arquitetura do sistema, o que facilita o planejamento.

3: Encontre as Dependências

Uma vez que os componentes estão identificados e dimensionados, é hora de examinar as **dependências** entre eles. Entender como os componentes interagem é crucial para dividir o monólito. O forte acoplamento entre componentes cria obstáculos durante a decomposição.

Comece mapeando as conexões explícitas entre os componentes. Por exemplo, o componente "Cliente" chama o componente "Notificação" para enviar e-mails ou textos? Se sim, isso é uma dependência. Algumas dependências não são imediatamente óbvias, então pode ser necessário rastrear o código cuidadosamente. Ferramentas como analisadores de dependência podem ajudar mostrando conexões visualmente.

Existem dois tipos principais de dependências: **entrantes** (quando outros componentes dependem deste) e **saíntes** (quando este componente depende de outros). Dependências entrantes são especialmente importantes porque afetam outras partes do sistema.

Documente essas dependências junto com seu inventário de componentes. Esta documentação ajudará a decidir quais partes do sistema dividir primeiro e quais precisam de planejamento cuidadoso.

4: Agrupe em Domínios

Agora que você tem uma lista bem dimensionada de componentes e um mapa de dependências, o próximo passo é **agrupar em domínios**. Domínios representam funcionalidades mais amplas no sistema, muitas vezes alinhadas com áreas de negócios. Por exemplo, em um sistema de e-commerce, os domínios podem incluir "Gestão de Clientes", "Pedidos", "Pagamentos" e "Inventário".

Comece olhando para a lógica de negócios por trás de cada componente. Componentes relacionados a tickets de suporte, por exemplo, podem ser agrupados em um "Domínio de Tickets". A ideia é agrupar componentes que trabalham juntos para atender a uma necessidade específica de negócios.

Defina limites claros entre domínios. Se você encontrar componentes em um domínio que dependem de componentes em outro, considere refatorá-los. Quanto mais limpos os limites, mais fácil é extrair os domínios posteriormente.

5: Crie Serviços de Domínio

Com os componentes agrupados em domínios, o próximo passo é criar **serviços de domínio**. Embora você ainda esteja em um monólito, estruture seu código como se cada domínio fosse um serviço independente. Refatore cada domínio para ter limites claros e operar independentemente do restante do sistema.

Por exemplo, um "Serviço de Domínio de Tickets" deve gerenciar tudo relacionado a tickets sem precisar de outros domínios. Use interfaces limpas entre serviços de domínio, expondo apenas os métodos ou APIs que outras partes do sistema precisam.

Ao final deste passo, você deve ter um monólito estruturado como um conjunto de serviços independentes. Esta configuração prepara você para a próxima fase — extrair esses serviços de domínio em unidades de implantação separadas.

6: Extraia em Unidades de Implantação Separadas

Agora que o sistema está organizado em serviços de domínio, é hora de extrair em **unidades de implantação separadas**. É aqui que você começa a transição de monólito para sistema distribuído. Comece com um domínio que tenha limites bem definidos e dependências mínimas, como um "Serviço de Notificação". Configure os pipelines de build e implantação necessários para permitir que o domínio opere de forma independente.

À medida que você extrai cada serviço de domínio, garanta que contratos claros estejam em vigor entre o novo serviço e o restante do sistema, usando APIs ou filas de mensagens. Repita esse processo até que todos os serviços de domínio tenham sido extraídos, movendo-se em direção a uma arquitetura completamente distribuída.

7: Mudar para Microsserviços

A etapa final é a transição de serviços de domínio independentes para **microsserviços**. Microsserviços são unidades menores e focadas que fazem bem uma única tarefa, como lidar com pagamentos ou processar pedidos. Divida ainda mais os serviços de domínio em funções específicas, como "Atribuição de Chamados" ou "Escalonamento de Chamados."

Garanta que cada microsserviço gerencie seus próprios dados para evitar acoplamento forte através do banco de dados. A comunicação entre microsserviços deve ser tratada por meio de APIs bem definidas ou arquiteturas orientadas a eventos. Ao final deste processo, seu monólito se tornará um sistema de microsserviços, cada um independentemente implantável e escalável. Decompor um monólito é um processo gradual e iterativo. Tentar dividir tudo de uma vez pode causar instabilidade e complexidade. Ao dar pequenos passos controlados, você reduz o risco e garante a estabilidade com cada mudança.

Conclusão

Para concluir o livro, vamos revisitar a jornada que percorremos pelos caminhos intrincados da estratégia de aplicações modernas. Este livro guiou os leitores através da evolução dos sistemas de software tradicionais para as aplicações modernas, detalhando a transição como sendo mais do que apenas um desafio técnico. É um imperativo de negócios que requer pensamento estratégico e um claro alinhamento com objetivos centrados no cliente. Ao reconhecer esses objetivos, as empresas podem construir aplicações resilientes e escaláveis que não apenas atendem às demandas atuais, mas que são adaptáveis para necessidades futuras.

Os primeiros capítulos destacaram a necessidade de modernização, focando na transformação digital e seu papel em atender às expectativas dos clientes. Sistemas tradicionais, embora confiáveis, muitas vezes carecem da flexibilidade necessária para as demandas modernas. Exploramos frameworks que oferecem abordagens estruturadas para transformar sistemas legados em soluções ágeis e centradas no cliente. A ênfase na integração contínua e entrega contínua (CI/CD) forneceu passos práticos para simplificar a implantação, reduzir riscos e alinhar o desenvolvimento com os objetivos de negócios.

À medida que avançamos, o livro mergulhou nas metodologias específicas que as organizações podem adotar, como abordagens serverless-first ou Kubernetes-first. Ao adotar essas estratégias direcionadas, as empresas podem alinhar suas capacidades técnicas com suas necessidades operacionais únicas. Cada metodologia discutida visa minimizar a complexidade enquanto maximiza a resiliência, ajudando as organizações a criar aplicações que são tanto poderosas quanto gerenciáveis. Este foco na simplificação como estratégia é fundamental para esforços bem-sucedidos de modernização.

Outro tema crítico foi a resiliência—como as aplicações modernas devem ser capazes de resistir e se recuperar rapidamente de interrupções inesperadas. Ao examinar várias técnicas de recuperação de desastres e frameworks de resiliência, vimos como desenvolver aplicações que mantêm a continuidade mesmo em condições adversas. Integrar a resiliência no núcleo do design das aplicações garante que as empresas estejam preparadas não apenas para desafios rotineiros, mas também para eventos raros e de alto impacto.

Os últimos capítulos destacaram a transição de arquiteturas monolíticas para microsserviços, enfatizando a jornada incremental que isso requer. Usando padrões como o Padrão Estrangulador, as empresas podem substituir componentes desatualizados por modernos progressivamente, minimizando a interrupção enquanto melhoram a funcionalidade do sistema. Esta abordagem cuidadosa e modular permite uma transição mais suave para um sistema totalmente distribuído, mostrando como estratégias modernas podem aprimorar tanto a flexibilidade quanto o desempenho.

Agradeço a todos que dedicaram tempo para percorrer este livro. Seu compromisso em entender as estratégias e nuances do desenvolvimento de aplicações modernas é realmente apreciado. Espero que essas percepções sirvam como um recurso valioso em seus próprios projetos de modernização e que inspirem novas abordagens e inovações em seu trabalho. Para continuar a conversa e explorar novas ideias, convido você a se conectar comigo no LinkedIn em jnagase[1] e no X (anteriormente Twitter) em @JaimeNagase[2]. Vamos continuar compartilhando insights, trocando ideias e moldando juntos o futuro das aplicações modernas.

Ao encerrarmos, lembre-se de que a jornada para uma estratégia de aplicação moderna não é finita. A tecnologia e as necessidades dos clientes continuarão a evoluir, nos impulsionando a inovar continuamente. Este livro é um passo fundamental nessa direção, mas fique atento—novos insights, frameworks e avanços, sem dúvida, moldarão os próximos passos. A jornada da aplicação moderna está em andamento, e aqueles que permanecem adaptáveis liderarão o caminho.

[1] https://www.linkedin.com/in/jnagase/
[2] https://x.com/JaimeNagase

Sobre Nós

Sobre o Autor

Jaime Nagase

Então, eu sou o Especialista GTM de AppMod na AWS para a região LATAM. O que isso significa? Bem, sou a pessoa que facilita e ajuda todos que estão entrando na onda da tecnologia Serverless e de contêineres. Passo meus dias misturando coisas com operações de TI e tecnologia em nuvem, trabalhando lado a lado com clientes para colocá-los no AWS Lambda, EKS, ou ECS e outras coisas legais orientadas a eventos. É tudo sobre tornar os negócios mais ágeis e acelerar sua transformação digital.

Fora da AWS, sou como um Embaixador DevOps pela PeopleCert no Brasil, sempre pregando o evangelho de nunca parar de aprender e das melhores práticas em tecnologia. Tenho estado no meio de migrações de nuvem e DevOps, onde adicionei um pouco de inovação fresca que realmente ajuda os negócios.

Antes de chegar aqui, eu passei por várias empresas como Itaú Unibanco, Porto Seguro, Cielo, HP e EDS. Esses trabalhos? Eles me permitiram exercer minhas habilidades de liderança, liderar algumas equipes de alto nível e realmente mergulhar no mundo da computação em nuvem e DevOps.

Se você quer saber o que realmente me motiva, é a modernização de aplicações. Acredito profundamente que os negócios precisam se atualizar e modernizar suas tecnologias para manterem a vantagem competitiva. Minha missão é guiar as empresas para longe de sistemas ultrapassados, em direção a soluções que escalam, se adaptam e se recuperam com eficiência. Para mim, não é só uma questão de tecnologia; é sobre transformar a forma como os negócios operam, facilitando a inovação e entregando mais valor aos clientes.

Minha paixão por essa transformação vem de já ter visto o impacto que a tecnologia bem aplicada pode ter – é como iluminar cada aspecto de um negócio. Em cada projeto que participo, seja com contêineres, soluções sem servidor ou práticas de DevOps, meu objetivo é construir um ambiente tecnológico ágil, onde os negócios possam crescer e evoluir rapidamente. Liderar essa transformação? É isso que me faz levantar todos os dias.

Sobre os Magos que contribuiram no Livro

Guilherme Greco

Guilherme Greco é um experiente Arquiteto de Soluções Principal com mais de 20 anos de experiência em infraestrutura de nuvem, arquitetura de aplicações e consultoria de TI. Atualmente trabalhando na Amazon Web Services (AWS) desde outubro de 2023, Guilherme ocupou vários cargos dentro da empresa, incluindo Arquiteto de Soluções Empresariais e Arquiteto de Infraestrutura de Nuvem. Sua expertise inclui aplicações nativas na nuvem, microsserviços, contêineres, arquitetura sem servidor, avaliações de carga de trabalho e migrações para a nuvem.

Antes de ingressar na AWS, ele passou mais de 10 anos na Hewlett Packard Enterprise onde atuou como Arquiteto de Soluções e Consultor de Tecnologia, especializando-se em soluções de nuvem e infraestrutura, modernização de aplicações e consultoria de TI.

LinkedIn: https://www.linkedin.com/in/guilhermesgreco/

Peterson Larentis

Peterson Larentis é um líder atuando como Gerente de Arquitetos de Soluções Especialistas da AWS, ele lidera uma equipe de arquitetos focados em migrações empresariais, modernização de aplicações e impulsionando a inovação através de soluções nativas na nuvem.

A experiência de Peterson inclui atuar como Arquiteto de Soluções Especialista Sênior, Sem Servidor para LATAM na AWS. Nesse papel, ele dirigiu o desenvolvimento e a execução de estratégias de entrada no mercado para a plataforma sem servidor da AWS em toda a América Latina, melhorando o desenvolvimento de negócios e ajudando grandes clientes a desenvolver arquiteturas seguras e escaláveis com foco em excelência operacional e práticas ágeis.

Antes de ingressar na AWS, Peterson adquiriu experiência valiosa como Especialista em TI no PagSeguro UOL e Serasa Experian. Nessas funções, ele ajudou as equipes a preencher as lacunas entre arquitetura de produto e design detalhado, defendendo a integridade técnica e trabalhando com a equipe, arquitetura e Product Owner para identificar oportunidades de melhoria, validar, refinar e priorizar histórias.

LinkedIn: https://www.linkedin.com/in/peterson-larentis/

Sobre a Editora

Marina Góes

Marina Góes é editora, tradutora e redatora. Nascida no Rio de Janeiro, formou-se em Jornalismo pela Universidade Candido Mendes e possui pós-graduação em Estudos de Tradução Inglês-Português pela Puc-Rio.

Trabalhando no mercado editorial desde 2010 ao lado de grandes editoras brasileiras (Record, Intrínseca, Reader's Digest e mais), ela coordenou mais de 500 projetos de ficção e não ficção em vários segmentos, desde literatura contemporânea até finanças e tecnologia.

Atualmente morando em Joinville, Santa Catarina, ela divide seu tempo entre clientes, corrida, viagens, leitura (que ela ainda faz em seu tempo livre!), sua esposa e três gatos.

LinkedIn: https://www.linkedin.com/in/mgoes7/

www.ingramcontent.com/pod-product-compliance
Ingram Content Group UK Ltd.
Pitfield, Milton Keynes, MK11 3LW, UK
UKHW021957190726
13853UKWH00004B/1588

9 786526 631089